표지석 따라 걷기

Copyright ⓒ 2021 published by SuperGraphic Company
All rights reserved. No part of this book may be reproduced, stored in a retrieval system, or transmitted in any form or by any means, electronic, mechanical, photocopying, recording, or otherwise, without prior permission in writing from the publisher.

저작권자 ⓒ 정도환
이 책의 저작권은 저자에게 있으며 출판권은 큰그림(슈퍼그래픽)에게 있습니다.
이 책은 저자와 큰그림(슈퍼그래픽) 사이의 저작권 계약에 의해 출판되었습니다.
서면에 의한 저자와 출판사의 허락 없이 내용의 일부를 인용하거나 발췌하는 것을 금합니다.
이 책에 사용된 사이트와 프로그램, 로고는 해당 회사가 상표나 저작권을 가지고 있습니다.

표지석 따라 걷기
책을 만들던 곳·책을 팔던 곳·가르치던 곳

1판 1쇄 인쇄	2021년 1월 20일
1판 1쇄 발행	2021년 1월 25일
지은이	정도환
그림	박상화
감수	김서혜
연구보조	정성준
디자인	디자인화
펴낸곳	큰그림(슈퍼그래픽)
펴낸이	윤정
등록번호	제2-5081호
등록일자	2009년 2월 23일
ISBN	979-11-87201-40-3 03910
주소	서울시 중구 필동2가 93번지 2층
전화	02-2264-6422
팩스	0505-116-6422
이메일	sgpress@hanmail.net

'큰그림'은 슈퍼그래픽 SuperGraphic의 출판 브랜드입니다.
잘못 만들어진 책은 구입하신 곳에서 바꾸어 드립니다.
값은 뒤표지에 있습니다.

책을 만들던 곳

책을 팔던 곳

가르치던 곳

정도환 지음
김서혜 감수

감수의 말

　길을 걷다 보면 많은 장소에서 수많은 표지석을 만납니다. 신경 쓰지 않으면 무심코 지나치지만, 표지석은 늘 그 자리에서 이 곳에서 일어난 일을 말해줍니다. 흔적을 남기지 않고 사라진 시간 속에 이 곳에서 일어났던 일과 사람들, 장소에 대한 역사와 이야기가 표지석에 있습니다.

　이 책은 서울에 있는 많은 표지석 중 1900년대 책·교육과 관련된 표지석을 우리에게 소개합니다. 표지석은 장소에 대한 단편적인 이야기만 전달해주기에 표지석에 숨겨진 이야기를 찾아보기란 쉽지 않습니다. 그런 점에서 이 책은 표지석을 통해 장소가 변해온 역사는 물론 1900년대의 책과 교육의 이야기와 장소에 대한 의미를 우리에게 알려 줍니다.

　책을 만들던 '보성사' 표지석을 보며 우리는 〈기미독립선언서〉가 인쇄되었던 보성사에서 3·1운동이 시작되던 순간을 엿볼 수 있고, '조선어학회' 표지석을 통해 일제강점기에 우리말 사전을 편찬하기 위한 노력했던 조선어학회원의 노고를 느낄 수 있습니다. 시인 박인환이 연 서점 마리서사가 있던 곳과 박인환 집 터의 표지석을 보며 우리는 1900년대 많은 문인과 예술가들이 어울려 문학과 예술을 이야기하던 순간을 마주합니다. '서북학회'의 표지석을 통해 일제의 탄압 속에서도 교육과 계몽에 중요성을 알고 앞장섰던 여러 사람의 노력은 물론 여러 대학과 단체들이 시작된 격동적인 장소였음을 알 수 있습니다. 이 책을 통해 독자는 표지석을 따라 걸으며 수많은 책이 만들어지고 판매되던 장소, 그시절 책을 읽었던 사람과 교육의 현장을 느낄 수 있을 것입니다.

책에서 표지석이 있는 현재의 사진을 들여다 보면 한 번쯤은 지나갔던 곳이거나 우리에게 익숙한 장소입니다. 책에서 설명한 표지석이 있는 공간을 직접 찾아가 보는 것도 재미있는 경험이 될 것입니다.

《표지석 따라 걷기》는 표지석을 따라 1900년대 책과 교육에 대한 발자취를 느끼며, 동시에 직접 경험해 볼 수 있는 기회를 제공하는 책입니다. 이 책을 계기로 표지석이 가지고 있는 역사 이야기를 발굴하는 연구가 계속되기를 기대합니다.

서울역사박물관 전시과 학예연구원

● 김서혜

머리말

저는 서울 중구에서 태어나고 자랐습니다. 걷기를 좋아해서 시청, 광화문, 서대문까지 운동 삼아 걸어갑니다. 더운 여름이나 추운 겨울에는 동대문역사문화공원에서 시청까지 이어지는 지하보도를 이용하고 걷기 좋은 봄, 가을에는 청계천을 따라 걷습니다. 집에서 출발해서 30분 정도 부지런히 걸으면 충무로, 세운상가, 청계천, 대학로, 장충단공원, 한남동 인근까지 갑니다. 1시간 정도 걸으면 시청, 광화문, 이태원에 도착합니다.

서울 중구·종로 일대는 새로 지은 고층빌딩과 도심 재생사업으로 새롭게 단장한 건물, 노포, 적산가옥, 재개발을 기다리는 낡은 건물이 뒤섞여 있습니다. 종로, 을지로, 퇴계로를 걸으면서 주위를 둘러보면 무릎 높이 정도에 표지석이 있습니다. 표지석에는 과거에 그곳에서 '언제, 누가, 무엇을 했다'는 설명이 간략하게 적혀있습니다. 표지석은 늘 그 자리에 있지만 관심을 가지고 보는 사람은 많지 않습니다.

제가 표지석에 관심을 가진 건 십 수년 전부터 입니다. 출사지에서 자꾸 제 눈에 표지석이 보였습니다. 자주 가는 출사지는 고궁, 정동길, 청계천, 서대문형무소, 대학로, 이화마을, 낙산 한양도성, 북촌, 서촌이었습니다. 최근에는 핫플레이스로 부상한 익선동과 을지로 일대 골목과 세운상가도 자주 갑니다. 출사 수업을 한 장소는 대부분 서울의 강북 도심과 과거에 한양도성 주변으로, 이곳에는 유난히 표지석이 많습니다.

　표지석을 유심히 보게 된 후에는 습관적으로 표지석과 주변의 모습을 촬영했고 표지석에 적힌 사건과 인물을 찾아보았습니다. 그러면서 우리가 현재 살고 있는 곳에서 과거에 일어났던 일, 공간의 역사에 관해서 알게되었습니다. 학교에서 역사를 배울 때는 '이걸 다 언제 외우나'라고 생각했는데, 역사 속 인물이 살았던 장소와 사건이 일어난 곳을 직접 다녀오면 외우지 않아도 역사적인 사건과 인물이 기억에 남았습니다. 조금 과장하면, 우리 조상의 경험이 표지석으로 연결되어 저에게 이식된 듯 했습니다.

　사진이론가 존 버거는 《다른 방식으로 보기》에서 현재를 분명하게 볼 수 있다면, 과거에 대해 올바른 질문을 던질 수 있다고 했습니다. 표지석으로 공간을 바라보면 역사를 더 깊게 이해할 뿐만 아니라 그 장소에 직접 찾아다닌 경험 덕분에 우리가 살아가는 공간을 다른 방식으로 볼 수 있습니다. 이것이 공간이 전하는 인문학이자 인류학, 역사학입니다. 이런 이유로 공간의 현재와 과거를 바라보는 방법으로 표지석을 보는 것을 강력하게 추천합니다.

● 정도환

표지석 따라 걷기

감수의 말　P04
머리말　　P06
차례　　　P08

1장
책을 만들던 곳

보성사 터
普成社 址
P 12

신문관·조선광문회 터
新文館·朝鮮光文會 址
P 20

조선어학회 터
朝鮮語學會 址
P 28

한성도서주식회사 터
漢城圖書株式會社 址
P 36

황성신문 터
皇城新聞 址
P 44

2장
책을 팔던 곳

회동서관 터
匯東書館 址
P 54

한남서림 터
翰南書林 址
P 62

세창서관 터
世昌書館 址
P 70

남만서점 터
南蠻書店 址
P 78

마리서사 터·박인환선생 집 터
茉莉書肆·朴寅煥家 址
P 86

3장
가르치던 곳

서울중고등학교 터
P 94

정신여학교 터
貞信女學校 址
P 102

서북학회 터
西北學會 址
P 110

보구여관 터
保救女館 址
P 118

제중원 터
濟衆院 址
P 124

훈련원 터
訓鍊院 址
P 132

맺음말
P 142

일러두기
- 도서명은 《 》, 영화, 예술작품, 방송 프로그램, 간행물, 논문 제목은 〈 〉로 표시했다.
- 참고문헌에서 원문 그대로 인용한 글은 본문에서 ' '와 " "로 표시했다. 참고문헌은 단원 끝에 표시했고, 참고문헌에 저자, 도서명·기사 또는 글 제목, 출판사·매체, 발행연도를 표시했다. 참고문헌에서 서술한 내용을 맥락상 이해를 돕기 위해 부연설명하거나 재구성했다.
- 표지석 사진은 주변 환경·건물 등을 함께 넣기 위해 파노라마로 제작했다. 표지석을 부각하기 위해서 Spherical 옵션을 적용했고 일부 사진의 원근감이 왜곡되었다.
- 표지와 본문에 사용한 폰트는 문체부 정체, 문체부 바탕체, KBIZ한마음명조 입니다.

보성사 터
普成社 址

신문관·조선광문회 터
新文館·朝鮮光文會 址

조선어학회 터
朝鮮語學會 址

한성도서주식회사 터
漢城圖書株式會社 址

황성신문 터
皇城新聞 址

| 1장 |

책을
만들던 곳

보성사 터 - 표지석

| 보성사 터 |

1919년 3·1운동 당시 독립선언서와 〈조선독립신문〉을 비밀리에 인쇄한 천도교의 보성사가 있던 곳이다.

조계사와 연합뉴스 사옥 사이에 수송공원이 있다. 조계사 후문으로 나가면 길 건너편에 작은 공원이 수송송원이다. 큰 건물 여럿이 공원을 에워싸고 있어서, 이 근처를 자주 지나다녔어도 큰 길로만 다녔다면, 이곳에 공원이 있는지 모르는 사람이 많다.

표지석을 따라 역사의 현장을 걷고 싶다면 제일 먼저 수송공원을 가봐야 한다. 지도에는 '수송공원' 또는 '보성사 터'로 표시된다. 수송공원은 보성사 터이면서 중동학교 터, 대한매일신보 창간 사옥 터, 신흥대학 터, 숙명여학교 터다. 시간을 더 거슬러 올라가면 조선 명종의 장남 순회세자가 책봉을 받고 13세에 세상을 떠난 뒤에 세자빈의 속궁 '용동궁'이 이곳에 있었다. 근대 화가 고희동^{간송 전형필의 휘문고보 스승}과 안중식이 이 곳에서 작품활동을 했다는 표지석도 있다.

학교 운동장보다 작은 규모의 공원에 이토록 표지석이 많은 이유는 시간

수송공원 내 보성사 기념 조형물

대를 달리해서 여러 건물이 들어섰고 그 건물에서 역사에 한 획을 긋는 굵직한 사건이 일어났기 때문이다. 후대에 이 곳에서 일어난 사건과 장소를 기억하기 위해서 흉상과 안내판, 석상을 만들었다. 수송공원의 조형물과 표지석은 한 사람이 기획해서 만든 게 아니다. 그 곳을 서로 다르게 기억하는 사람과 단체에서 저마다 중요하게 여기는 역사적 가치를 알리고 기념하기 위해 서로 다른 시간에 각각 기념물과 표지석을 설치해서 이제는 어느 누구도 손을 대지 못하게 되었다. 수송공원을 종합해서 설명하는 안내판을 만들면 좋겠지만, 이전에 설치한 기념물과 표지석에다가 장소에 관한 설명이 하나 더해질 뿐이라면 의미가 없을 것이다.

이곳을 '보성사 터'라고 하는 이유는 이 자리에서 일어난 사건 가운데 보성사에서 일어난 사건이 역사적으로 가장 큰 의미를 가졌기 때문일 것이다. 1910년에 설립한 인쇄소 보성사가 있었던 자리다. 보성사는 교회서적과 학교 교과서를 인쇄하던 곳이다. 보성사는 1919년 2월, 극비리에 '독립선언서'를 인쇄한 곳이며 그날의 이야기를 알면 이곳은 잊을 수 없는 역사의 현장으로 머릿속에 남는다.

다음은 이곳이 보성사 터였으며 보성사를 기념하는 조형물의 의미를 전

1장 책을 만드는 곳

하는 글이다.

보성사普成社는 1919년 3·1운동 당시 〈기미독립선언서〉를 인쇄했던 곳이다. 보성사는 30평 2층 기와 벽돌집으로 전동 보성학교 구내에 있었으며 보성사의 소유주이기도 했던 천도교 교주 의암 손병희의 특명으로 육당 최남선이 초안을 집필하고 민족대표 33인이 서명한 독립선언서를 넘겨받아 사장 이종일, 공장감독 김홍규, 총무 장효근이 1919년 2월 27일 밤에 3만 5천매를 인쇄했다. 일본 형사에게 발각되는 위기가 있었으나 족보책이라고 위장하여 위기를 넘겼다.

3월1일에는 윤익선과 이종린, 이종일, 김홍규 등이 지하 신문인 〈조선독립신문〉 1만부를 계속 발행하였다. 일본 경찰은 보성사를 즉각 폐쇄하였으며 1919년 6월28일 밤에는 불을 질러 태워버린 이후 터만 남아 오늘에 전한다.

기념비 하단 그림에서 보성학교 정문을 들어서 오른쪽 회나무 뒤에 지붕만 보이는 2층 건물이 보성사다. 당시에 보성사는 수송동 44번지에 있었다. 현재 조계사 대웅전 경내에 그 회나무가 남아 있다.

보성사를 기념하는 조형물 "3인의 군상과 민족 정기"는 전체 높이 6.35m 조형물 5m, 좌대 1.35m, 면적 9.41㎡ 가로, 세로 각 3.1m의 화강석 및 청동으로 이루어져 있으며 상부 청동구조물은 3인의 군상이 기미독립선언서를 치켜 든 모습으로 민족의 기상과 단결을 의미하고 하부 석재조형물에는 보성사의 옛모습과 3·1운동 장면을 양각하고, 기미독립선언서는 음각하였으며 맨 밑에 석관은 가로, 세로 3.1m가 되게 제작하여 3·1운동이 우리 민족사의 초석이 되었음을 상징한다. 전체적으로 민족의 얼을 상징하는 이 조형물을 위에서 보면 태극문양 형식을 취하고 있어 민족의 무궁한 발전을 기원하고 있다.

1999.3.1.
한국종교 지도자 협의회 세움

1910년에 천도교에서 보성학원 경영권을 인수하면서 학교에서 사용할 교과서를 인쇄하던 보성사와 천도교 중앙교당에서 교회기관지 〈천도교월보〉를 찍던 창신사를 병합했다. 두 인쇄소를 하나로 합하고 이름은 보성사로 지었다.

보성사는 천도교에서 발행하는 기관지를 비롯해서 학교 교과서, 불교계 출판물, 책 등을 인쇄했고 출판으로 우리나라 문화를 지켜냈다는 평가를 받는다. 천도교에서 보성학원을 경영하던 당시에 천도교를 이끈 사람은 3대 교주 손병희다. 손병희는 1894년에 호서지방을 중심으로 발발한 동학농민운동을 이끌었다. 전봉준과 연합하여 관군과 싸움에서 연이어 승리한다. 하지만 일본군이 불법으로 개입하여 공주 우금치전투에서 크게 패하여 조직은 무너지고 동학농민운동은 실패했다. 우금치전투에서 패한 후에 손병희는 여러 지방의 은신처에서 숨어지냈다. 2대 교주 최시형이 처형 당한 후 3대 교주로 취임한다. 손병희는 비밀리에 동학을 재건하려고 했지만, 탄압을 이겨내지 못하고 1901년에 일본으로 건너갔다.

일본에서 박영효, 조희연 등의 개화파 세력과 교류하며 일본이 근대화하는 과정을 알게 되면서 큰 깨우침을 얻었다. 일본에서 지내면서 일본이 근대화한 과정과 국제 정세를 파악하고 무력으로 투쟁하는 것보다 교육을 통한 계몽이 중요하다는 사실을 깨달았다. 1904년에는 일본에서 만난 권동진, 오세창과 진보회를 조직했다. 진보회는 사람들에게 머리카락을 자르고 개화복을 입으라고 권했다. 이것이 단발흑의斷髮黑衣 혁신운동으로 갑진개혁운동의 핵심 활동이었다. 진보회 창립일에 진행한 개혁운동에 20만 명 이상 참여하여 머리카락을 자르고 물들인 옷을 입었다. 개혁운동에 참여한 사람의 숫자만 보더라도 당시에 많은 사람이 근대화를 열망했다는 것을 알

수 있다.

손병희는 1905년, 동학의 이름을 천도교로 바꿨다. 천도교로 이름을 바꾼 후에도 일제 경찰은 동학교도처럼 천도교 신도를 잡아가곤 했다. 일제의 탄압이 심해지자 천도교 내부에서도 친일을 하는 회원들이 생겼다. 송병준이 친일로 방향을 바꾼 대표적인 인물이다. 러일전쟁에서 일본이 승기를 잡으면서 손병희와 함께 계몽운동을 하던 진보회가 친일 단체인 '일진회'로 변질하면서 세력은 둘로 갈라졌다. 손병희는 친일을 하는 일진회 가담자에게 출교 처분을 내렸다. 천도교로 이름을 바꾼 후에 손병희는 독립운동의 방향을 교육과 계몽으로 바꿨다. 1906년에 우리나라로 돌아온 손병희는 교육과 출판사업에 집중했다. 1910년 보성전문학교를 인수하고 다음해 동덕여자의숙을 인수했다. 두 학교를 중심으로 애국지사를 양성하는 교육사업을 추진했다.

보성전문학교는 현재 고려대학교의 전신으로 우리 민족이 직접 만든 최초의 근대 교육기관이다. 보성전문학교를 설립한 사람은 대한제국의 대신 이용익이다. 현재 고려대학교 대학원 건물 앞에 설립자 이용익을 기념하는 흉상이 있다. 보성전문학교를 설립한 이용익은 드라마 〈미스터션샤인〉에서 고종황제를 돕는 이정문 대감 역할의 모티브가 된 실존 인물이다. '보성普成'이라는 학교 이름은 '널리 사람다움을 열어 이루게 한다'라는 의미로 고종이 하사했다. 사립학교지만 직원 봉급과 운영비는 내탕금으로 지급했다. 내탕금은 조정과 관료의 통제를 받지 않는 황실 재산으로 쉽게 말해서, 왕의 개인 재산이다.

보성전문학교를 설립한 곳은 서울 박동현재 종로구 수송동이다. 이곳에 한성 아어러시아 학교 건물을 빌려서 사용했다. 1906년에 아어학교 인근에 사는 조선시대 문신이자 개화파 인사 김교헌의 기와집을 사들여 학교 건물로 사용했다. 현재 조계사가 있는 장소가 김교헌의 기와집이 있었던 곳이다. 보성학교가 김교헌의 집을 사들일 때 김교헌은 부산에서 동래감리 겸 부산항재판소 판사로 일했다. 그는 일제의 경제침략에 맞서 나라의 이권을 지키려고 노력하다가 친일파 송병준의 모함으로 해직되었다. 한학과 성리학을 공부하고 1885년^{고종22} 정시 문과에 급제하여 관직을 얻은 김교헌은 임오군란과 갑신정변, 동학농민운동 등 역사적, 정치적 격변을 지켜보고 중국의 속국이라는 자신의 생각이 짧았음을 인식하고 개화파로 전향했다. 이후 1898년 독립협회에서 만민공동회를 주도했고 대종교 2대 교주가 되었다. 독립협회에서 민중계몽에 앞장섰고 최남선의 조선광문회에서 박은식, 장지연과 함께 고전을 간행하는 데 힘을 보탰다.

  일제 통감부는 보성전문학교를 예속화하려고 학교 경비의 부족한 부분을 기부하겠다고 제의했지만 이종호^{설립자 이용익의 손자}는 단호하게 거절했다. 1910년, 경술국치로 국권을 상실하고 조선통감부가 조선총독부로 바뀌고 일제의 침략은 더 거세졌다. 우리나라에서 더 이상 독립운동을 하기 어렵다고 판단한 이종호는 해외로 망명하면서 천도교의 손병희가 보성전문학교를 인수했다. 이후 보성전문학교는 동학을 계승한 천도교와 떼려야 뗄 수 없는 학교가 되었다. 하지만 손병희는 보성전문학교를 종교계 학교, 즉 미션스쿨로 만들지 않았다. 종교계 학교가 자기 교리에 얽매여서 옳다고 생각하는 일을 실천하지 못하는 걸 막기 위해서였다. 이후 1918년에 수송동에서 낙원동 서북학회회관으로 교사를 이전했다. 교사만 옮기고 보성사는 수송동에 남았다. 보성사 인쇄소는 수송동에, 교사는 낙원동에 있던 시절에 3·1운동이 일어났다.

3·1운동이 일어나기 한 달 전에 일본 유학생들이 동경 기독교청년회관에 모여서 2·8독립선언을 했다. 2·8독립선언을 준비하던 조선청년독립단 송계백은 춘원 이광수가 쓴 2·8독립선언서 초안을 교복 안에 숨겨서 우리나라에 가지고 들어왔다. 송계백은 조선광문회의 최남선과 보성사의 이종일을 만나서 2·8독립선언서를 인쇄할 국문활판과 활동 자금을 받아서 일본으로 돌아갔다. 활판과 자금을 마련한 일본 유학생들은 2·8독립선언서를 인쇄했다. 2·8독립선언은 3·1운동을 일으키는 강력한 동기가 되었다. 우리나라에서 3·1운동을 주도한 인물은 대부분 기독교, 불교, 천도교 등 종교계와 교육계 인사였다. 일제가 3·1운동 주도자를 체포하기 위해 만든 계보도에는 140여 명의 이름이 있었다.

독립선언서는 3·1운동을 14일 남겨둔 2월 15일에 육당 최남선이 완성했다. 문인이자 출판인 최남선은 많은 사람에게 배포하기 위해 독립선언서를 인쇄할 활판을 만들었다. 이 활판을 보성사 이종일 사장이 받아와서 2월 20일부터 인쇄소 문을 걸어 잠그고 인쇄를 시작했다. 당시에 최남선도 출판사와 인쇄소를 운영하고 있었다. 그런데 독립선언서를 보성사에서 인쇄한 이유는 보성사에 고성능 인쇄기 3대를 갖추고 있었기 때문이다. 여러 곳에서 나눠서 찍으면 기밀 유지가 어렵다고 판단한 이종일 사장은 보성사의 고성능 인쇄기 3대로 짧은 시간에 독립선언서를 인쇄할 수 있다고 생각했다. 독립선언서를 인쇄하는 동안 일제 경찰의 감시를 피하기 위해 노력했다. 하지만 2월 26일 밤에 보성사를 찾아온 조선인 고등형사 신철[신승희]에게 독립선언서가 발각됐다. 이종일 사장은 천도교 자금 5천 원을 고등형사 신철에게 주고 눈감아 달라고 했다. 당시에 5천 원은 지금 돈으로 수 억 원에 달하는 매우 큰 돈이다. 이 돈을 받은 고등형사 신철은 독립선언서를 인쇄한 사실을 눈감아주었다. 3·1운동이 일어난 지 두 달이 지나서 신철은 천도교로부터 5천 원을 비밀리에 받은 사실이 밝혀져 검거된다. 인쇄를 마친 독립선언서를 수레로 운반하다가 길에서 일제 경찰에게 검문을 당했는데, 수레에 실은 인쇄물을 확인하려는 순간에 가로등이 꺼져서 위기를 넘긴 일화는 역사 강사가 방송에서 소개해서 화제가 되었다. 3·1운동이 일어난 후에 보성사에서 독립선언서를 인쇄한 사실이 발각되어 일제는 보성사를 불태웠다. 보성사 이종일 사장은 3년 동안 옥살이를 하고 출옥한 직후 제2의 독립만세운동을 준비했다.

2019년에는 3·1운동 100주년을 맞아 독립선언서를 찍었던 인쇄소 보성사를 출판도시 활판인쇄박물관에서 복원하여 사람들에게 공개했다.

| 참고문헌 |

명순구, 〈독립선언문 인쇄 출판사, 보성사의 자취〉, 고려대학교 법학전문대학원, 2019.
김창수, 3·1운동과 옥파 이종일, 중앙사론 21, 2005.
정운현, 이종일, 독립선언서의 인쇄 책임자, 오마이뉴스, 2019.3.9.
보성사 기념비 안내문, 수송공원 내

| 보성사 |

신문관·조선광문회 터 - 표지석

| 신문관·조선광문회 터 |

신문관은 최남선이 1908년에 설립한 출판사로, 우리나라 최초의 근대 잡지 〈소년(少年)〉을 발행하였다. 최남선, 박은식 등은 1910년 신문관에 조선광문회를 설립하여 수많은 고전을 간행하였다.

지하철2호선 을지로입구역 4번 출구로 나와서 조금 걸어가면 SKT타워 앞에 '신문관·조선광문회 터' 표지석이 있다. 신문관·조선광문회 터를 알리는 표지석은 가로수와 도로표지판을 달아놓기 위해 심어놓은 지주를 피해서 약간 삐뚜름하게 설치되어 있다. 다른 표지석이 인도 끝에 견지석과 수평으로 설치된 것과 비교하면 신문관·조선광문회 터 표지석은 누가 봐도 삐뚤게 설치되어 있다.

이 표지석은 몇 해 전까지 청계천 광통교 앞 을지한빛거리에 있었다. 1960년대까지 조선광문회 건물이 그곳에 있었기 때문이다. 하지만 조선광문회가 처음 생긴 곳은 청계천 광통교 앞이 아니다. 역사 학자들은 현재 표지석이 설치된 SKT타워 앞에 조선광문회가 있었던 것은 맞지만 처음 생긴 곳은 현재 표지석이 설치된 곳 건너편 '우당 이회영 길'로 지정된, 명동성당 방향으로 올라가는 길에 있었다고 추정한다.

신문관·조선광문회 터(SKT 타워 앞)

1910년, 조선광문회가 문을 연 곳은 사정동^{현재 하나은행과 유안타 증권 사이에 명동 성당으로 오르는 길}이고 현재 표지석이 설치된 곳^{SKT타워 앞}으로 이전했다가 청계천 남쪽, 광통교 앞으로 이전하여 2층 건물을 짓고 운영했다. 표지석은 신문회·조선광문회가 마지막으로 있었던 자리에 설치했다가 두 번째 이전한 위치로 옮겼다.

최남선의 손자 최학주는 《나의 할아버지 육당 최남선》에 조선광문회를 처음 설립하던 때와 청계천 남쪽으로 이사해서 지은 건물을 다음과 같이 묘사했다.

"할아버지^{육당 최남선}가 살림집을 삼각동 굽은다리^{曲橋}로 옮기고 엄친의 사랑채 2층에 조선광문회^{朝鮮廣文會}를 창립한 것은 1910년 경술국치의 해 12월이다. 1층으로는 신문관^{新文舘}이 이사했다. 나는 아직도 청계천 광교 남쪽 언저리에 있던 이 건물을 기억한다. 목조 건물이고 지붕은 약간 푸른색이 도는 기와로 덮여 있었다. (중략) 큰 건물은 아니지만 단단해 보였고, 지난 전쟁에도 별로 부서진 데가 없이 의연했다."

신문관·조선광문회가 처음 설립된 곳도, 마지막으로 있었던 곳도 아닌 두 번째로 있었던 곳에 표지석을 설치한 이유가 무엇일까? 오인환 연세대 교수가 조사한 자료와 고증에 근거하여 정진석 한국외대 명예교수는 조선광문회 터에 관해서 이렇게 썼다.

"조선광문회의 취지문과 규정은 스러져 가는 고문헌을 수집하고 새로 편찬, 간행, 보급한다는 목적이었다. 출판물을 편집 발행하면서 당대의 지식인들이 모여들어 회합과 사랑방 역할을 했던 장소는 알려진 것과는 달리 상리동 32통 4호^{을지로 2가 21번지} 신문관 두 번째 장소였다. 상리동의 신문관·조선광문회는 많은 책과 잡지를 편집, 발행하고 인쇄했던 장소다. 신문관이 있던 을지로 2가 뒤쪽 일대는 신문관 이후에 소규모 인쇄소들이 밀집했던 지역이다. 신문관이 있던 장소가 후에 인쇄소 골목으로 확대된 셈이다."

조선광문회 취지에 따라 고문헌을 수집, 새로 편찬, 간행, 보급하는 목적에 따라 가장 활발하게 책을 간행한 곳이 두 번째 사옥^{현재 SKT타워 부근}이다. 표지석에는 '신문관·조선광문회 터'라고 표시되어 있다. 신문관은 우리나라 최초의 잡지 〈소년〉을 창간 곳이다. 최남선은 신문관과 조선광문회 두 곳에서 책과 잡지를 만들었다. 신문관이 먼저 생기고 4년 쯤 지나서 조선광문회를 창립했다. 두 곳 모두 책을 만드는 곳인데 왜 두 곳을 분리해서 운영했을까? 요즘 말로 하면, 신문관과 조선광문회는 출간하는 방향이 달랐다. 조선광문회는 고문화를 선양하기 위해서 고전을 출판했다. 신문관은 새로운 문화를 대변하는 책을 만들었다. 조선광문회는 고전국학·한글사전을 편찬하고 신문관은 계몽도서, 어학, 문학 등의 출판과 편집, 인쇄를 했다.

조선광문회는 우리나라 역사와 국학을 알리는 데 목적을 두고 '조선광문회 규칙'을 만들었다. 조선광문회 규칙에 사기, 시문, 경전, 병사, 교학, 예술, 풍속, 지도 등으로 출간 방향을 미리 정해두었기 때문에 여러 부문에서 민족학술 가치가 높은 책을 선택해서 간행할 수 있었다.

최남선은 개화, 근대화 시기에 새로운 문화를 소개하는 책, 새로운 학문을 소개하는 책이 필요하지만 '새로움'이 우리나라의 학문과 문화를 바탕으로 나타나야 의미가 있다고 생각했다. 우리나라의 학문과 문화를 계승하고 보존해야 새로운 문화와 학문을 받아들일 수 있다는 철학을 신문관과 조선광문회에 담았다.

조선광문회는 고전과 국학도서를 수집하여 근대 인쇄술로 책을 만들었다. 조선의 역사뿐만 아니라 그 이전부터 전해내려오는 고전을 새로 편찬하여 보존하는 데 기여했다. 일제강점기에 조선의 고서古書는 방치되거나 소실되었다. 가치있는 문헌은 일본인 손에 들어갔다. 개항 후에 우리나라 문화재의 가치를 알아본 일본인은 우리나라 사람이 하찮게 취급하는 책을 헐값에 사들였다. 가치 있는 책은 빼앗아가거나 도둑질도 서슴치 않았다. 고서는 부피가 작아서 일본으로 유출되는 일이 많았다.

일제강점기에 조선총독부 지원을 받은 조선연구회 등의 단체는 왕실도서관 자료를 토대로 우리나라 고서와 각종 문헌을 수집·간행했다. 최남선은 우리 손으로 고서를 보존하고 간행해야 한다고 생각했다. 일제가 조선의 고서와 문헌을 수집한 이유는 조선 사회의 실태를 파악하기 위해서였다. 1916년에는 조선총독부 중추원에서 반도사 편찬사업을 시작하여 조선사편찬위원회와 조선사편수회로 변천되어 '식민사학'을 전파하는 역할을 했다. 조선총독부에서 지원을 받은 민간단체에서는 우리 고전을 수집하여 활발히 간행했는데, 그 이유는 식민통치의 기초를 만들기 위해서였다.

이광수, 홍명희와 조선의 3대 천재로 불린 최남선은 조선총독부에서 우리나라 고전을 수집·간행하는 데 비용을 지원하는 속셈을 알아차리고 우리 고전을 우리 손으로 펴내기 위해 조선광문회를 설립했다. 조선광문회는 1911년부터 1918년까지 약 20여 종의 고전을 모아 《조선총서》를 발간했다.

택리지, 산경표, 동국병감, 경세유표, 해동역사, 동국세시기, 경향잡지, 열하일기, 동국통감, 삼국사기 등을 조선총서로 펴냈다. 일본인이 우리나라 고서를 발간한 동기는 식민통치에 필요한 자료를 얻기 위해서였지만 최남선은 우리 문화와 역사의 우수성을 드러내기 위해서 고서를 출판했다.

1910년대에 일제는 한국인의 정치·사회단체 활동을 금지하고 언론·출판·집회·결사의 자유를 박탈했다. 일제의 탄압이 거세질수록 한국인이 주도하는 신문화 운동은 더 활발해졌다. 조선광문회도 이 시기에 고전 간행 사업을 활발하게 추진하지만 1915년 이후부터 발행하는 고전의 숫자가 줄어든다. 고전 간행에 필요한 비용을 충분히 확보하지 못했기 때문이다. 하지만 이전부터 추진하던 사전 편찬사업은 중단하지 않았다.

조선광문회 규칙에 따라 고전을 계속 편찬하지 못했지만, 최초의 한글 큰사전 편찬은 한글 역사에 길이 남았다. 최남선은 주시경과 한글 운동을 추진해서 1916년에 한글로 쓴 최초의 국어사전인 '말모이'와 '조선어자전'을 편찬했다. 특히 조선어자전은 일제가 어용학자를 동원해 만들려고 했던 '조선어사전'에 맞서 우리말을 지켜내는 역할을 했다. 조선광문회에서 1915년에 펴낸 '신자전新字典'은 1950년대 이전에 나온 한자사전 가운데 가장 우수하다는 평가를 받는다.

신문관은 의미 있는 책과 잡지를 만들었다. 신문관에서 펴낸 첫 책은 '경부철도가〔원제 경부텰도노래〕'다. 경부철도가는 철도연변 명승고적을 소개하는 창가다. 경부선 철도는 1905년에 개통했다. 철도가 개통한 지 3년 뒤인 1908년 3월에 경부철도가가 나와서 세간의 관심을 끌었다. 경부선이 출발하는 남대문역〔현재 서울역〕에서 부산까지 연변의 철도역을 차례로 열거하면서 철도가 지나가는 지역의 풍물과 풍습, 사실 등을 창가로 만들었다. 이 책을 펴낸 목적은 '철도'라는 개념이 없었던 시절에 우리나라 지리와 지방의 문화에 대한 지식과 정보를 전달하기 위함이다. 창가 형식으로 쓴 이유는 여러 사람이 함께 노래 부르며 우리나라 지리와 지방에 관한 문화를 전달하기 위해서다. 경부철도가를 펴내고 1908년 11월 1일, 우리나라 최초의 근대 잡지 〈소년〉을 창간했다. 〈소년〉은 근대 잡지의 시작이자 청소년 교양 잡지의 효시로 평가된다. 최남선은 〈소년〉 창간호에 신체시^{새로운 형식의 시} '해海에게서 소년에게'를 실었다. 이 시는 조선 청년이 큰 이상을 품고 앞으로 나아가라는 의미를 담고 있다. 〈소년〉은 최초의 근대식 잡지로 새로운 문화와 지식을 받아들이려는 젊은이가 읽었다. 그리고 신문관을 세상에 알리는 역할을 했다. 일제는 계몽 사상을 담은 글을 싣는다는 이유로 〈소년〉 발행을 방해했지만, 최남선은 고난을 겪으면서도 4년 넘게 발행하다가 조선총독부에 의해 강제로 폐간되었다.

한국잡지발행인협회는 〈소년〉이 창간한 날을 기념하기 위해 11월 1일을 '잡지의 날'로 정했다. 이뿐만 아니라 11월 1일은 '시의 날'이기도 하다. 〈소년〉의 권두시인 '해海에게서 소년에게'를 기념하기 위해서 이 날을 시의 날로 정했다. 〈소년〉이 폐간당한 뒤 1912년에 최남선은 이광수와 함께 〈붉은 저고리〉를 만들었다. 1913년에는 〈아이들 보이〉라는 잡지를 만들었다. 1914년에는 〈소년〉을 잇는 계몽 잡지 〈청춘〉을 발간했다. 하지만 〈청춘〉도 국시위반이라는 이유로 정간되었다. 잡지 이름은 〈소년〉, 〈아이들 보이〉, 〈청춘〉이지만 전국 남녀노소가 이 잡지를 보았다. 당시에는 잡지에 정치, 시사와 관련된 글을 실을 수 없었다. 최남선은 인문과학과 사회과학, 자연과학 분야의 글과 실용 학문을 소개하는 글로 잡지를 만들었다. 잡지에 수록한 글은 어린이부터 어른까지 흥미롭게 읽을 수 있도록 쉽게 풀어서 썼다.

최남선은 〈청춘〉 창간사에 '배워야 한다'는 말을 반복하며 계몽 의지를 유감없이 드러냈다. 다음은 〈청춘〉의 창간사 일부다.

"아무라도 배워야 합니다. 그런데 우리는 더욱 배워야 하며 더 배워야 합니다. 이제 우리는 다른 아무것보다도 더욱 배움에서 못합니다. 다같이 배웁시다. 더욱 배우며 더 배웁시다."

최남선은 최초의 근대 잡지를 만들었고, 후대에는 그 의미를 기념하기 위해서 잡지의 날, 시의 날을 정했다. 폐간·정간을 여러 번 겪으면서도 계몽을 위한 잡지, 우리 문화를 담은 책을 만들어 후대에 남긴 최남선은 실로 대단한 일을 했다. 그가 역사에 남을만한 일을 하는 데 도움을 준 사람은 아버지 최헌규다. 최헌규는 관상감에서 기사 겸 상지관^{대궐과 능의 지리와 형세를 알아보는 벼슬}으로 일하며 종2품 관직에 올랐다. 관상감 관직에 있으면 중국의 황력^{태양력}을 먼저 볼 수 있었다. 최헌규는 황력을 조선의 농사책력으로 만들었다. 중국에서 한약재를 들여와 팔기도 했다. 농사책력과 한약재를 팔아서 엄청난 돈을 벌었다. 농사책력을 만들고 한약재를 유통한 최헌규는 최남선이 국학을 계승하고 계몽을 위한 책을 만드는 데 사상적 토대가 됐다.

유복한 환경에서 자란 최남선은 경성학당에서 12세에 일본어를 배웠다. 14세에 대한제국 황실 유학생으로 선발되어 일본으로 건너가 동경 제일중학교에 입학했지만 중퇴했다. 그리고 2년 뒤에 다시 일본으로 유학을 갔다. 와세다대학 지리역사과에 입학하지만 동맹휴학으로 제적당했다가 복학했다. 일본에서 유학하며 이광수를 만나 소년회를 만들고 유길준이 조직한 흥사단에 가입했다. 일본에서 조선 유학생 회보 〈대한 흥학회보〉 편찬회에서 편집인으로 활동하며 신체시와 시조를 발표했다. 1907년에 일본 유학을 중단하면서 조선으로 돌아온 뒤에 민족을 위해 신문화 운동을 일으키려고 인쇄 시설을 구입했다.

최남선이 일본어를 배우고 국비 유학생으로 선발되어 일본에서 중학교와 대학을 다닌 것, 신문관을 설립하고 〈소년〉을 창간한 것은 그의 나이 12세에서 17세의 일이다. 1919년에 기미독립선언서 초안을 썼다는 이유로 체포되어 2년 8개월을 복역했다. 가출옥 후에 변절했다는 설이 있다. 조선사편수위원회에서 편수 위원으로, 조선총독부 청구학회 평의원으로 활동하며 친일논설을 게재했고 광복을 2년 앞둔 1943년에는 이광수와 학병을 독려하는 강연을 했기 때문이다. 친일 행적이 밝혀져서 친일인명사전에 포함되었지만 우리 고전을 복원하고 한글로 번역하여 간행한 것, 즉 고전을 근대적으로 해석하여 재생산한 일은 높이 평가받는다. 아버지와 형제의 도움을 받았다고 해도, 어린 나이에 신문관과 조선광문회를 설립하여 신문학 초기에 남긴 문학사적 업적은 지대하다.

| 참고문헌 |

최혜주, 일제 강점기 조선연구회의 활동과 조선인식, 한국학술진행재단, 2002.
고정일, [조선 창조경영의 도전자들 - 출판·한약재 접목 기발한 사업 사대문 안 2000채 중 80채 소유], 주간조선, 2015.05.18.
김상우·신준봉, 조선광문회 건물 복원 목소리, 중앙일보, 2006.4.19.
한국민족문화대백과사전, 조선광문회, 신문관
국사편찬위원회, 최남선

| 신문관·조선광문회 |

조선어학회 터 - 표지석

| 조선어학회 터 |

조선어학회는 1921년 주시경(周時經: 1879~1914)의 제자들이 한글의 연구와 발전을 목적으로 발족한 조선어 연구회의 후신이다. 1942년 조선어학회 사건으로 활동이 중단되었다가 광복 후 한글학회로 이어졌다.

미국의 언어학자 에드워드 사피어는 "현실 세계가 그 집단에서 사용하는 언어습관 위에 형성된다"라고 주장했다. 에드워드 사피어의 제자 벤자민 리 워프는 "언어가 사고를 지배하고, 사고는 언어를 만든다"라고 했다. 화재예방 기사로 일하며 언어를 연구한 벤자민 리 워프는 사람들이 가스통 상태가 양호한지 또는 불량한지는 관심이 없고 단지 빈Empty 가스통 근처에서만 담배를 피우는 것을 보았다. 사람들은 가스통을 이야기할 때 Full가스가 가득 찬 상태과 Empty가스가 없는 상태 두 단어만 사용한다는 사실을 발견했다.

인간이 언어를 결정하는 게 아니라 언어가 인식세계관을 결정한다는 것이 '언어결정론'이다. 미국의 심리학자 피터 고든은 수렵채취하며 생활하는 브라질 피라하족의 언어에서 수를 세는 말은 '하나', '둘', '많다' 셋만 있으며 이 종족은 셋 이상의 수를 더하고 빼는 것을 매우 힘들어한다는 사실을 발견했다.

조선어학회 터 건너편

　대항해시대 이후 아시아와 아프리카, 남아메리카 여러 지역의 국가와 민족, 부족들이 유럽 열강의 침략으로 그들이 살아왔던 거주지와 문화, 언어를 약탈당했다. 1960년에 프랑스로부터 독립한 말리의 공식 언어는 프랑스어다. 말리에서 프랑스어를 사용하는 사람의 수는 적지만 프랑스어가 아프리카 부족 10여 개의 언어를 지배한다. 튀니지에서는 프랑스어가 아랍어, 몰타어, 이탈리아어를 지배한다. 이처럼 식민지에서 원래 사용하던 언어는 공용어 자리를 침략자의 언어에게 내주고 위축되어 결국 소멸한다. 스페인과 일본, 미국의 식민지였던 필리핀의 국민 작가 프란시스코 시오닐 호세는 필리핀의 문화를 손상시킨 주범이 언어라고 했다.

　우리나라도 식민지였던 시기가 있었다. 일제강점기는 100년도 지나지 않았다. 일제강점기에 우리나라 사람은 우리 말을 자유롭게 할 수 없었다. 일제가 말^{언어}에 민족의 정신이 담겨 있다고 해서 우리말과 글을 쓰지고 못하게 했다. 학교에서 일본어로 수업하고 우리말로 이야기하면 체벌을 받았다.

　일제가 우리나라를 식민지로 만들기 위해 꾸준히 실행한 정책은 일본어 교육이다. 1910년 8월, 일본 헌병과 경찰을 우리나라 곳곳에 배치하여 무력으로 지배했다. 이 시기를 무단통치 시대라고 한다. 1920년대에는 문화

1장 책을 만드는 곳　29

통치로 정책을 바꿨다. 겉으로는 우리나라 전통과 문화를 존중하는 척하지만 실제로는 일본의 문화를 주입하여 우리 민족의 문화를 몰아내는 정책을 실시했다. 이것이 민족문화 말살정책이다. 민족문화 말살정책의 일환으로 일제가 강요한 것이 창씨개명이었다. 한국인의 성과 이름을 일본식 성과 이름으로 바꿔 부르게 했고 동아일보, 조선일보 등의 신문과 한글로 된 잡지를 발간하지 못하게 했다.

조선어학회는 일제가 우리나라를 강점하기 2년 전에 주시경을 중심으로 만든 국어연구학회에서 시작되었다. 1921년에 주시경의 제자들이 중심이 되어 조선어연구회를 조직하고 10년 뒤인 1931년에 조선어학회로 이름을 바꿨다. 이름이 여러 번 바뀐만큼 우리말을 연구하던 장소도 여러 차례 옮겼다. 조선어학회의 모체인 국어연구학회를 만든 곳은 서대문의 봉원사다. 봉원사에는 한글학회 창립 백돌 기념사업회에서 세운 '한글학회 창립한 곳' 기념비가 있다. 기념비의 내용은 다음과 같다.

"이 곳 유서 깊은 봉원사는 우리 한글의 연구와 교육을 목적으로 1908년 8월 31일 국어연구학회(지금의 한글 학회)가 창립 총회를 연 곳으로 그 높은 뜻을 길이 남기고자 학회 창립 100돌에 이 표지석을 세우다."

2008년 8월 31일
한글학회 창립 백돌 기념 사업회

1919년에 조선어연구회는 경성 원동(현재 종로구 원서동) 휘문고등보통학교 안에 사무실을 마련했다. 1928년에 경성부 수표동(청계천 수표교 인근) 조선교육협회회관으로 이전했다. 조선교육협회회관은 수표교 남쪽에 있었다. 조선교육협회회관이 있던 곳에 지금은 공구상가가 있다. 이곳에서 '조선어사전편찬회'를 발족하고 조선어철자 통일 위원회를 만들어 〈한글마춤법 통일안〉을 만들었다. 이와 동시에 조선어 표준말 사정 연구도 진행했다.

1931년 조선어학회로 이름을 바꾸고 1935년에 독립된 공간을 마련한 장소가 현재 조선어학회 표지석이 있는 종로구 화동이다. 화동에 위치한 조선어학회는 2층 양옥 건물이었다. 1층은 조선어학회 이극로 대표가 살림집으로 사용했고 2층에 큰 방은 사전편찬실로, 작은 방은 조선어학회 사무실로 사용했다. 이곳에서 조선어학회는 많은 일을 했다. 조선어 표준말 사전 작업을 완수해서 1936년에 발표했고 조선어대사전 편찬 사업도 이곳에서 했다. 16만 개의 우리말 어휘의 뜻풀이를 완료해서 대동출판사에 넘긴 것도 이곳이다.

종로구 화동의 조선어학회 터와 관련해서 주목해야 하는 인물은 '정세권'이다. 터(垈)와 건물을 중심에 놓고 보면 정세권은 조선어학회와 뗄 수 없다. 정세권은 건축가다. 국어학자나 사전 편찬에 관여한 인물은 아니다. 우리말 사전을 편찬하는 조선어학회가 사용할 건물을 제공한 인물이 바로 정세권이다. 정세권은 33세에 개량 한옥을 짓는 건설회사 건양사를 설립하여 1943년까지 서울에 수천 채의 집을 지었다.

조선어학회와 인연은 조선물산장려회 회의에서 이극로 대표를 만나면서 시작되었다. 1929년 12월에 열린 조선 물산 선전 대강연회에서 이극로는 '주의선전—자작자급의 본의'라는 주제로 강연했다.

이 자리에서 "우리 민족은 말과 글이 오래전부터 있지만 통일되지 못하였고 사전이 없으니 나는 이 점을 깊이 느끼어 말과 글을 통일하여 사전 완성을 일생의 사업으로 하겠소."라고 말하며 우리말과 글을 통일하여 조선어사전을 완성하겠다는 목표를 이야기했다. 이 자리에 참석한 정세권은 나중에 수표교 인근에 조선교육협회회관의 방 한 칸을 빌려서 사전 편찬원

여럿이 모여서 일하는 모습을 보았다. 사전편찬 작업을 10년 넘게 지속하는 모습을 지켜보고 조선어학회를 후원하기 시작했다. 이극로에게 조선어학회 사전 편찬원이 일할 공간이 없다는 말을 듣고 정세권은 종로구 화동 129번지의 땅을 구입하여 2층 양옥 건물을 지어 조선어학회에 기증했다.

정세권은 4천 원을 들여서 조선어학회회관을 지었다. 당시 경성방직 여공 한 달 월급이 21원이었으니까 4천 원은 경성방직 여공의 15년치 월급과 같았다. 이 외에도 표준어 사정을 위한 제1회 독회讀會 운영비도 정세권이 모두 냈다. 표준어 사정 위원회를 개최할 때도 후원했다.

이극로는 정세권의 후원에 감사를 표하기 위해 〈조선어학회의 발전〉에 다음과 같이 썼다.

"사전 편찬, 잡지 간행, 철자법 통일안 작성 이밖에 여러 가지 사업이 진행되고 있다. 그런 가운데 장산사 사장 정세권 씨로부터 서울 화동 129번지 2층 양옥 한 채를 조선어학회 회관으로 감사히 제공받게 되었다. 그래서 금년 7월 11날에 이 집으로 옮기게 되었다. 조선어학회가 딴 문패를 붙이고 독립한 호주가 된 것은 창립 이후 처음 일이다. 이 학술단체가 독립된 호주가 되도록 성장한 것은 오직 조선어학회 회원의 노력에 있는 것이 아니라, 이 과학적 사업에 많은 동정이 있은 까닭이다."

이극로의 글에서 장산사는 조선물산장려운동을 활성화하기 위해 정세권이 설립한 회사다. 일제강점기에 조선어학회 회원과 사전 편찬원은 아침부터 밤까지 어휘카드와 전국에서 보내온 우편물을 정리하고 토론과 회의를 했다. 이들은 모두 사명감을 갖고 일했지만 경제적으로 넉넉하지는 못했다.

조선어학회 회관으로 이주한 후에 일하는 공간은 전과 비교도 안될 만큼 좋아졌지만 회원들의 경제 사정은 달라지지 않았다. 겨울에도 난로를 넉넉히 때지 못했고 호떡으로 끼니를 때우기도 했다. 여러 가지 어려움 속에서 한글 사전 편찬 작업을 지속하여 1940년에 조선총독부에 〈조선어대사전〉 출판을 허가 받았다. 2년 뒤에 원고를 출판사에 보내서 책을 만들려고 했지만, 1942년 10월에 조선어학회 사건이 발생했다. 사건은 함흥영생고등여학교 학생이 기차에서 우리말로 대화하다가 조선인 출신의 일제 경찰에게 발각되어 취조를 받으면서 시작되었다. 일제 경찰은 취조 중에 여학생들에게 민족주의를 가르친 사람이 조선어학회의 정태진이라는 자백을 받고 정태진을 연행하여 취조했다. 정태진에게 조선어학회가 독립운동을 하는 민족주의 단체라는 억지 자백을 받아내서 조선어학회와 관련된 사람 33명을 검거했다. 당시에 증인으로 불려나온 사람 48명도 혹독한 취조를 받았다고 한다. 일제 경찰은 사전을 편찬한 사람, 재정적 보조를 한 사람, 조선어학회에 협조한 사람 모두에게 치안유지법의 내란죄를 적용했다. 이극로, 이희승, 정태진 등은 실형을 받았고 형량에 따라 일부는 1945년 7월 1일 출옥했다. 이극로, 이희승 등은 광복 이틀 뒤인 8월 17일에 풀려났다.

조선어학회 회관을 기증한 정세권도 투옥되어 고문을 받고 풀려났다. 이후에도 일제 경찰은 정세권을 여러 번 불러서 일본식 집을 지으라고 강요했지만 끝까지 한옥만 지었다. 일제 경찰은 조선어학회 사건에 연루된 정세권을 경제 사범으로 몰아서 정세권이 소유한 뚝섬 일대의 토지를 강제로 빼앗았다. 나중에는 정세권이 사업을 하지 못하게 건축 면허까지 박탈했다. 이후 사업은 기울었다. 정세권은 재기하지 못하고 1965년에 사망했다.

정세권은 일제강점기에 우리나라 사업가로 자수성가했다. 많은 재산을 모았고 사회활동에 적극적으로 참여하며 여러 분야에 기여했다. 지식인들과 교류하며 사회 전반에 큰 족적을 남겼고, 자본가로서 민족운동에 재정적으로 기여했다. 유학을 마치고 돌아와 기거할 곳이 마땅치 않았던 춘원 이광수에게 집을 빌려주었고 살 집을 지어주었다. 1929년 경성 조선인 사회의 지적·사회적·문화적 경제적 역량이 총집결된 백서 《경성편람》에 건설업계를 대표해 경성의 건축 현황을 조망하는 글을 싣기도 했다.

조선어학회 사건으로 일제 경찰에 빼앗긴 원고지는 2만6천 장이 넘는다. 조선어학회에서 사전 편찬에 참여한 사람들은 주시경 선생이 국어연구학회를 설립한 이후 십수 년 동안 해온 일이 허사가 됐다고 생각했다. 광복 후에 조선어학회 회원들은 원고를 찾아다녔다. 많은 사람이 원고가 일제 경찰에게 넘어갔다고 생각했다. 하지만 1945년 9월 8일에 경성역 조선통운 창고에서 사전을 편찬하기 위해 쓴 원고가 발견됐다. 함흥지방법원에서 2만 장이 넘는 사전 원고를 조사한 후에 조선어학회 회원들이 피고인 자격으로 불복 상고하자 재판 서류와 원고를 경성고등법원으로 보냈는데, 상고는 기각되고 며칠 뒤에 광복을 맞으면서 창고에 방치되어 있었던 것이다.

경성역 창고에 방치되었던 원고는 1947년에 〈조선말 큰사전〉 1권으로 나왔다. 주시경을 비롯해서 우리말 사전을 만들려고 노력한 사람들의 노력이 결실을 맺은 것이다. 1949년에 2권을 만들었고 3권부터 〈큰사전〉으로 이름을 바꿔서 간행했다. 이후 한국전쟁을 거치며 한글학회 회관 건물이 전소되어 사전 간행을 중단했다가 1957년 〈큰사전〉 4,5,6권까지 완간했다.

드라마보다 더 드라마 같은 조선어학회의 사전 편찬에 얽힌 이야기는 2018년에 영화 〈말모이〉로 널리 알려졌다. 영화에 전국에서 보내온 사투리 엽서를 분류하고 공청회를 열어서 의견을 모으는 장면이 나오는데, 이것은 실제로 있었던 일이다. 영화에서 사전 편찬 작업을 하는 공간이 상당히 넓게 나오는데 실제로는 큰 방 한 칸 정도 공간이었다. 조선어학회 회관 건물은 남아있지 않지만 세종문화회관 인근에 조성한 세종로공원에는 '조선어학회 한말글 수호 기념탑'이 있다. 일제 식민통치 시대 우리 말을 지키기 위한 노력을 이 기념탑에 새겨놓았다.

| 참고문헌 |

이극로, [조선어학회의 발전], 〈한글 3권 6호〉, 조선어학회, 1935.
언어는 생각의 감옥인가? 사피어·워프 가설에 대하여, 한국일보, 2007.2.6.
주경철, 바닷길로 물밀듯 침투한 '정복자의 언어', 한겨레, 2008.2.15.
정재환, '조선의 건축왕' 정세권, 건물 기증해 말모이 편찬을 돕다, 뉴스톱, 2019.06.13.
박용규, [우리말을 지킨 독립운동가 정세권], 국립한글박물관소식지, 2018.12. 제65호
박용규, 《조선말 큰사전》 편찬의 역사적 의미, 기록인, 2016. Vol.35

| 조선어학회 |

한성도서주식회사 터 - 표지석

| 한성도서주식회사 터 |

한성도서주식회사(대표이사: 이봉하, 이사: 이종준, 한규상, 박태련, 장도빈)는 민족문화를 지키고 계승하는 데 크게 기여한 출판사로 1920년 창설되어 1957년까지 존속하였다. 주요 출판물로는 김동환의 〈국경의 밤〉, 최남선의 〈백두산근참기〉, 심훈의 〈상록수〉 등이 있다.

1910년 8월 29일은 순종이 한일병합조약을 공표하면서 공식적으로 국권을 상실한 날이다. 하지만 이보다 훨씬 이전부터 일제는 미국과 가쓰라-테프트 조약^{1905년 7월, 한국을 보호하여 극동의 평화에 공헌한다는 내용}과 제2차 영일 동맹^{1905년 8월}, 포츠머스 강화조약^{1905년 9월}을 통해 미국, 영국, 러시아로부터 한국에 대한 지배권을 보장받는다. 이후 1905년 11월 을사늑약을 체결한다. 강제로 체결된 조약에는 한국이 외교와 주요 조약을 일제의 통제 하에 해야 한다는 내용이 담겨있다. 우리나라는 이때부터 사실상 국권을 박탈당했다.

일제는 1906년 2월에 통감부를 설치하고 초대 통감으로 이토 히로부미가 취임했다. 다음해^{광무 11년} 광무신문지법을 제정했다. 일제는 이어서 출판법도 공포했다. 한일합병조약을 하기 전, 이 법에 의거해서 일제는 모든 출판물의 원고를 검열하고 출판 후 납본 검열로 지식과 정보의 유통을 막았다. 1910년 한일병합조약을 공표한 후에는 민족정신을 고취하는 글이나 일

한성도서주식회사 터 건너편(왼쪽이 우정총국과 조계사)

제 식민지 정책을 비판하는 기사와 그럴 가능성이 있는 출판물 간행을 차단했다. 원고와 책을 검열하던 시절에 출판사를 경영하며 정치, 사회, 계몽을 주제로 한 책을 간행하는 것은 일종의 문화투쟁이었다.

일제는 1910년부터 거의 모든 분야에서 무단통치를 했다. 민족의식을 고취하는 기사를 게재한 신문, 출판물은 모두 압수하여 소각하고 폐간·정간했다. 나라 잃은 국민의 분노를 잠재우기 위해서 가혹한 탄압을 선택했다. 이런 이유로 1910년부터 1919년 3·1운동이 일어나기까지 약 10년 동안 우리나라 사람이 설립한 출판사는 명맥만 유지했다. 사회나 정치, 계몽 등을 주제로 한 책은 검열의 대상이었기 때문에 흥미위주의 딱지본 소설이 유행했다. 근대화와 계몽 사상을 담은 책도 더러 나왔지만 그 수가 많지 않았다.

1919년에 3·1운동이 일어나고 이후에도 여러 지방에서 만세 운동이 계속되자 일제는 사회 전반을 탄압하는 무단정치에서 문화정치로 방향을 바꿨다. 문화정치 시기에 출판계는 활기를 되찾는다. 조선일보와 동아일보도 이 시기에 창간했다. 문예지 〈창조〉와 〈개벽〉, 〈신여성〉, 〈새동무〉, 〈장미촌〉, 〈백조〉, 〈학생계〉 등이 이어서 나오면서 잡지의 전성 시대를 맞이했다. 다양한 잡지와 출판물이 간행되던 시기에 한성도서주식회사가 문을 열었다.

한성도서주식회사는 순수하게 민간자본으로 설립한 출판사다. 당시 18세 나이에 오천석^{나중에 문교부 장관을 지냄}은 한성도서주식회사에서 간행한 〈학생계〉의 주간으로 참여했다. 그의 회고담에 의하면 황해도 재벌이었던 이창익, 이종준과 이들의 친척 한규상, 신문기자 장도빈이 중심이 되어 자본금 30만 원으로 한성도서주식회사를 만들었다.

종로구 청진동에 한규상의 집에서 약 반 년 동안 한성도서주식회사를 설립하기 위한 준비를 했다. 한성도서주식회사를 설립한 후에는 견지동에 사옥을 새로 지어 이전했다. 경영진은 사장 이봉하, 전무 이종준, 취체역^{주식회사의 이사}은 한규상, 장도빈, 박태련이 맡았고 고문은 김윤식, 양기탁이 맡았다. 고문을 맡은 김윤식은 정치인이자 문장가로 〈음청사〉, 〈속음청사〉, 〈운양집〉 등을 썼고 양기탁은 〈대한매일신보〉를 창간하고 신민회를 설립한 독립운동가다. 당시에 많은 지식인이 출판사에서 일했다. 언론과 출판을 통해 국민을 계몽하는 게 최우선 과제라고 생각했기 때문이다.

한성도서주식회사는 1920년대에 역사, 철학, 위인전 등 다양한 분야에서 책을 펴냈고 신문에 신간소개와 광고도 꾸준히 했다. 〈짠딱크〉, 〈루소〉, 〈크롬웰〉 등의 번역 전기를 출판하며 성장했다.

1919년 12월에는 한성도서주식회사의 첫 번째 잡지 〈서울〉 창간호를 발행했다. 표지에는 'The Seoul'이라는 영문을 병기했다. 판권지에는 저작자 겸 발행자가 장도빈으로 되어 있고 인쇄한 곳은 신문관이다. 〈서울〉을 펴낸 장도빈은 사학자로 우리나라의 역사 인식을 고취하는 글을 주로 썼다. 두 번째로 펴낸 잡지는 〈학생계〉다. 국판 80면 내외로 만든 〈학생계〉는 1920년대 학생을 계몽하기 위해서 만든 잡지로 설립 당시 전무로 일하던 이종준이 편집 겸 발행인으로 되어 있다. 지금까지 우리나라에서 만드는 청소년 잡지는 대부분 '학생'을 주요 독자층으로 한다. 거의 모든 청소년 연령층이 학교를 다니기 때문이다. 1920년대에는 학생을 독자로 정하면 학교를 다니지 않는 사람은 독자에서 제외될 수 있었다. 〈학생계〉는 제호에서 학생을 독자로 한다는 점을 명백히 밝혔다. 〈학생계〉의 권두언머리말은 '하기 방학에 제하여', '제2학기 처음에'처럼 학생만 공감할 수 있는 말로 시작했다. 단체 생활과 희생 정신, 민족의 진흥과 학생의 책임에 관한 내용이었고 영웅전과 위인전을 인용한 글도 모두 학생을 위한 것이었다.

독자에게 인기 있는 지면은 '학생문단란'이었다. 〈학생계〉 독자 가운데 상당수는 문학가의 꿈을 꾸었다. 시인, 소설가처럼 문학가를 지망하는 당시의 학생은 학생문단란에 투고했다. 투고한 글 가운데 엄선하여 학생문단란에 실었다. 여기에 투고한 학생 가운데 나중에 소설가가 된 사람도 있었고 〈문장〉의 주간이 된 사람도 있었다.

한성도서주식회사에서 창간해서 지금까지 우리 사회에 영향을 주는 책이 있다. 바로 〈진단학보〉다. 〈진단학보〉 창간호가 나온 것은 1934년 11월이다. 1934년 5월 서울 소공동의 다방에서 40대를 바라보는 한국인 학자 20여 명이 모여서 〈한국과 그 인근 지역의 문화연구〉를 목적으로 학술단체를 발기하는 모임이 열렸다. 여기서 탄생한 모임이 '진단학회'다. 진단학회는 이병도의 일본 와세다대학 동창과 경성제국대학 출신의 인맥이 모여서 만든 단체다. 진단학회는 우리나라 지식인이 만들었지만, 이병도를 비롯한 주요 구성원이 조선총독부 산하 조선사편수회에서 활동하면서 동시에 진단학회 활동도 했기 때문에 많은 학자들은 일제의 논리에서 완전히 벗어날 수 없다는 태생적 한계를 지적한다.

1930년대 일제가 문화통치를 하면서 관변 학술 단체 이외에 민간 학술

단체 결성을 독려하는 분위기에서 진단학회가 탄생했다. 국어학자 이윤재가 발의하여 신민족주의사관을 모색하던 조윤제의 집에서 한 차례 모임을 갖고 소공동 다방에 모여서 진단학회를 발족했다.

사학자 이병도가 주도했고 발기인은 고유섭, 김두헌, 김상기, 이상백, 이희승, 손진태, 송석하 등 국학자 24명이 뜻을 함께 했다. 그해 11월 〈진단학보〉 창간호를 한성도서주식회사에서 출간했다. 하지만 2호부터는 2백 원의 제작비를 진단학회에서 자체적으로 조달했다.

1975년 5월에 발행한 〈서울평론〉에 진단학회 창립 배경에 관한 대담을 실었다. 여기서 이병도는 진단학회를 창립한 두 가지 동기를 다음과 같이 말했다.

"지금까지 얘기해 온 과도기적인 사학조류에서 좀더 벗어나서 과학적·실증적으로 사학을 연구하자는 것이 하나고 또 하나는 일본학자들이 대개 색안경을 쓰고 한국사를 왜곡하고 있으니까 이에 대해 학술적으로 항쟁하자는 것이겠지요. 그전에 이런 일이 있었어요. 당시 조선사편수회의 서무책임자 오노란 사람이 있었는데, 그가 불미한 일 때문에 파직을 당해서 밥줄이 끊어지자, 뭐든지 해야겠다고 해서 조선학회를 조직하고 이마니시를 고문으로 추대했어요. 그 분 밑에 평의원으로 나, 이능화, 최남선 그리고 일본 사람도 섞여서 '조선학보'를 내기로 했어요. 나에게 원고를 하나 쓰라고 해서 우선 '삼한문제의 신고찰'이란 논문의 제1편을 써주었지요. 그런데 며칠 뒤 다시 찾아와 미안하지만 다른 원고로 바꿔달라는 거야. 왜 무엇이 잘못되었느냐고 물었더니 일본 사람들 몇이서 돌아가며 읽었는데 고문으로 추대한 이마니시의 글과 정 반대니까 만약 이걸 그대로 내면 이마니시가 고문을 그만두겠다고 할 거라고 대답하면서 이마니시 고문이 그만두면 '조선학보'는 더 이상 나올 수 없으니 다른 원고로 바꿔달라는 거예요."

이병도는 정치적으로 일제 치하에 있었지만 진리탐구도 일제에 굽힐 게 없다고 생각하고 처음에는 원고를 써주지 않았다. 하지만 중간에서 노력하는 오노를 불쌍하게 생각해서 한양 천도 문제에 관한 글을 써주었다. 이런 일이 있은 후에 이윤제가 한성도서주식회사와 이야기해서 인쇄비와 제작에 필요한 비용을 모두 부담할 터이니 학회를 조직해서 제대로 연구해보라고 한 것이 발단이 되어 진단학회를 만들었다고 했다.

연구자 주관에 치우쳐 민족사관과 유물사관에 따라 공식에 맞춘 것처럼 연구하는 데서 벗어나 좀더 과학적·실증적으로 역사를 연구하고 식민사관의 색안경을 쓴 일본 학자들의 한국사 왜곡을 학술적으로 바로 잡기 위해서 진단학회를 조직했다고 술회했다.

이병도는 그동안 발표하지 못한 논문을 국한문으로 고쳐서 〈진단학보〉에 발표했다. 한국인이 중심이 돼서 진단학회를 만들고 논문을 발표하는 것을 일제는 달갑게 생각하지 않았지만, 초기에는 직접적인 탄압 없이 원고를 사전에 검열만 했다. 검열을 하더라도 전문적인 내용이라서 특별히 문제 삼지는 않았다.

진단학회의 역사 방법론은 특정 사관을 따르기보다 사실 자체를 객관적으로 규명하는 것이었다. 이로 인해 식민사관을 극복하는 목적으로 〈진단학보〉를 펴냈다. 진단학회의 보수적인 성격과 태생적 한계를 두고 공과功過를 말하는 학자들이 많다. 학자들은 서로 자기 논리에 따라 주장하고 의견을 제시한다. 진단학회가 처음 생길 때 모인 사람들의 의식 때문에 진단학회가 그동안 해온 연구가 모두 의미 없어지는 것은 아니다.

진단학회의 가장 큰 업적은 미국록펠러재단의 도움으로 1959년부터 첫 책을 발간하여 1965년 완간한 〈한국사〉 전7권이다. 한때 지식인의 서가에

필수 구비 도서로 꼽혔던 〈한국사〉는 당시까지 한국 실증적으로 연구한 사학이 이룩한 연구성과의 총결산으로 평가된다. 그로부터 오늘에 이르는 한국의 역사학은 진단학회 〈한국사〉의 계승과 극복의 도정道程이었다고 해도 과언이 아니다.

한성도서주식회사는 책과 잡지를 발행하여 민족문화를 지키고 계승하는 데 기여했다. 근대 출판사 가운데 30만 원이라는 거액의 자본을 투자하여 주식회사 체제로 설립했다는 것도 출판 역사에 남았다. 1920년 전후로 대부분의 출판사가 종이를 유통하는 지물상, 잡화점에서 시작해서 출판사로서 모양새를 갖추었다면, 한성도서주식회사는 처음부터 출판부, 인쇄부, 영업부를 갖추어 각각의 부서에서 전문적인 업무를 담당하게 하여 출판사업을 했다.

한성도서주식회사에서 발행한 출판물에는 저자의 검인을 찍어서 인세와 작품에 대한 저자의 권리를 보장해주었고 이를 통해 작가는 자신의 저작물에 책임감을 갖고 더욱 활발한 저술활동을 했다. 한성도서주식회사에서 출판한 책 가운에 지금까지 전해지는 것은 많다. 대표적인 출판물로 김동환의 《국경의 밤》, 최남선의 《백두산근참기》, 심훈의 《상록수》, 김소월의 《진달래꽃》, 김동인의 《운현궁의 봄》 등이 있다.

시대를 대표하는 많은 작가들이 한성도서주식회사에서 책을 냈다. 유명 작가들의 동정을 알고 있는 한성도서주식회사는 1930년대 말 문예종합지 〈문예가〉를 발행했다. 〈문예가〉는 본격적인 문예지가 아니라 출판소식과 문인동정을 중심으로 영화, 연극, 음악 등 다양한 문화소식과 비평을 담은 종합문화지다. 〈문예가〉는 1936년 8월에 창간한 것으로 추정된다. 문화소식을 전하는 잡지의 특징을 살려서 세련된 편집으로 문화계 소식을 실었고 문인들의 생활상을 소개했다.

〈문예가〉에 담은 작가 소식은 요즘 방송국에서 기획하는 관찰 예능 프로그램에 비유할 수 있다. 1936년 11월에 나온 4호에는 이기영 작가의 〈고향〉 출간 특집으로 꾸몄다. 팔봉, 유진오, 백철, 김남천 등이 이 작품을 평했다. 〈문단거래란〉에서는 소설가 김유정, 이태준이 와병중이라는 소식을 전했다. 또 춘원 이광수가 노산 이은상에게 보낸 엽서도 공개했다.

한성도서주식회사는 일제 강점기에 설립해서 1957년까지 존속했다. 1946년 1월에는 화재로 큰 피해를 입었지만 출판사업을 계속 했다. 한성도서주식회사는 민간자본으로 만든 출판사로서 큰 의미가 있고, 우리나라의 출판과 문화산업이 발전하는 데 중요한 역할을 했다.

| 참고문헌 |

한성도서 주식회사 - 제82화 출판의 길 40년, 중앙일보, 1985.3.20.
김종수, 일제강점기 경성의 출판문화 동향과 문학서적의 근대적 위상 - 한성도서주식회사의 활동을 중심으로, 서울학연구 35, 2009.
김종수, 한국 근대소설과 출판문화 - 일제 식민지 시기를 중심으로, 근대문학 2016. Vol.06
민족문화를 지키려는 노력, 한성도서주식회사터, 서울스토리, 2014.07.05.

| 한성도서주식회사 |

황성신문 터 - 표지석

| 황성신문 터 |

황성신문은 1989년 남국억 등이 창간한 국한문 혼용의 애국계몽 일간지로서 국권을 수호하고 국민을 계몽하였다. 을사조약이 강제 체결되자 장지연이 '시일야방성대곡'이란 통분 논설을 재개하였다가 정간 당하였다.

보신각 건너편, 종각역 영풍문고에서 청계천 방향으로 가는 길에 황성신문 터 표지석이 있다. 황성신문 창간 당시 사옥은 현재 세종로 교보문고 사거리에 '고종 즉위 40년 칭경기념비'를 보호하는 기념비전紀念碑殿이 있는 자리에 있었다. 1902년 9월에 소공동현재 조선호텔과 롯데호텔 사이으로 이전했다가, 조계사 뒤편현재 수송동 국세청 본청 건물으로 이전했다. 1904년 8월에 지금 표지석을 세운 자리종로 백목전 뒷골목로 이전해서 1910년 폐간당할 때까지 이 자리에 있었다.

황성신문 사옥이 마지막으로 있었던 자리이기 때문에 표지석을 세운 게 아니다. 서울특별시사편찬위원회에서 만든 〈서울 독립운동의 역사현장〉에 의하면, 장지연이 1905년 11월 20일자에 〈시일야방성대곡是日也放聲大哭〉이라는 제목의 논설을 실어 을사늑약 체결을 규탄할 당시 황성신문사 사옥이 있었던 곳이다.

황성신문은 독립협회의 한 축을 이루었던 개신 유학자층을 대상으로 하

황성신문 터 표지석 뒤편의 전봉준 청동 좌상

여 1898년 9월 5일 창간한 국한문 혼용 신문이다. 창간 당시 사장은 남궁억, 주필은 장지연이었다. 황성신문은 애국계몽 일간지로 국권을 수호하고 국민의 계몽을 위한 글을 실었다. 우리말로 발간한 〈독립신문〉과 달리 지식층을 독자로 정해서 국·한문 혼용으로 간행했다.

19세기 말 개화운동이 구체적으로 드러나는 것은 신문이다. 신문은 개화기에 들어온 외국 문물을 여러 사람에게 소개하는 기능과 외세의 침략에 관한 소식을 전해서 우리의 것을 지키는 이중적인 기능을 했다.

우리나라 최초의 근대 신문은 박문국에서 월 3회 발행한 〈한성순보〉다. 1882년에 박영효가 수신사 자격으로 일본에 머무르면서 국민을 계몽하는 수단으로 신문 발간이 필요하다고 느끼고 기자와 인쇄공을 일본에서 데리고 귀국해서 1883년 10월 1일에 처음 간행했다. 1884년 12월에 김옥균 등이 일으킨 갑신정변이 실패한 뒤에 박문국 사옥과 활자, 인쇄시설이 불에 타서 1년 만에 종간되었다. 이후 1886년 1월에 〈한성주보〉로 제호를 바꾸고 주간신문으로 다시 발간했다.

신문은 조선 관료와 국민에게 개화가 시급한 현실을 알리는 데 효과가 있었다. 〈한성순보〉를 창간하던 시기에 우리나라는 서구 열강과 수호조약을 맺었다. 1876년에 일본과 통상수호조약을 맺은 후에 미국[1882], 영국과 독일[1883], 러시아[1884]와 조약을 맺었다. 일본의 침략이 가속화하는 과정에서 대외교섭으로 국력을 키우려는 의도로 서구 열강과 조약을 맺고 문물을 받아들였다.

〈한성순보〉와 〈한성주보〉는 근대 신문으로 역할을 했지만, 남궁억은 10일, 일주일 간격으로 간행하는 신문이 소식을 전달하는 데 부족하다고 생각했다. 남궁억은 나수연 등과 함께 외세(일본을 필두로 서구 열강)의 침입에 관하여 알리고 국민을 계몽하고 민족정신을 기르기 위해 매일 발행하는 〈황성신문〉을 만들었다.

〈황성신문〉은 기존에 발행하던 〈대한황성신문〉의 판권을 인수하여 창간했다. 〈대한황성신문〉의 전신은 1898년 3월 2일에 창간한 〈경성신문〉이다. 사장은 윤치호, 사무원은 정해원이었다. 두 사람은 농상공부에 제출한 신문발행 청원서에 "매주 수·토요일에 2회 발행하며 각도 각군에 송출하여 各項商民(각항상민)의 이익을 助(조)코저 한다"라고 썼다. 경성신문은 상업의 부흥을 지향했다. 윤치호의 집에서 편집과 사무를 보고 판매도 했다. 윤치호는 1898년 5월 서재필이 미국으로 돌아간 뒤에 독립신문의 주필을 맡았고 〈경성신문〉의 경영은 사촌동생 윤치소가 맡았다. 〈경성신문〉은 제11호부터 〈대한황성신문〉으로 제호를 바꾸고 한학과 문장에 능한 유근이 주필을 맡았다. 〈대한황성신문〉 첫호에 제호를 바꾼 이유를 다음과 같이 밝혔다.

"우리가 농공상부 허가를 얻어 신문사를 설치하고 이름을 경성신문이라 하였더니 이제는 대한황성신문이라 다시 곳치기는 우리나라 자주 독립한 후에 세계 각국에서 우리나라 사람도 신문하는 줄을 알게 함이라."

〈대한황성신문〉으로 제호를 바꾼 이유는 자주 독립국인 대한에서 신문을 발간하고 있음을 세계 각국 사람에게 알리기 위해서였다. 주필을 맡은 유근은 제호에 국호를 넣는 게 더 적절하다고 생각했다. 신문은 제호만 바꾸었고 운영자나 편집자는 그대로였다. 〈대한황성신문〉은 일간으로 발행하는 〈황성신문〉으로 바뀌는 과도기적 신문으로, 주식회사 형태로 자금을 조성한 데 의미가 있다. 〈대한황성신문〉은 5월에 주식 5백주를 발행하면서 1股고, 현재의 주식 1주와 같음의 가격을 10원으로 정했다. 주식을 발행하여 자금을 조성하면서 신문사의 규칙도 만들었다. 9월 5일에 〈황성신문〉을 창간하면서 주주총회인 사원총회를 열고 사장을 선출했다. 초대 사장은 남궁억, 2대 사장 장지연은 사원총회에서 선출되었다. 신문을 만드는 데 참여한 사람들은 대부분 전국 각지에서 한학을 공부했으며 자본금을 낸 사람들은 여러 지방의 유지였다. 특정인의 자본에 의존하지 않아서 황성신문은 사람들에게 민족지로 인식되었다.

자본금은 5천 원으로 1주당 10원씩 500주로 시작해서, 1905년 8월에 300주를 증자하여 총 800주의 주식을 발행했다. 증자한 사실은 8월 16일자 사설을 통해서 밝혔다. 자본금 5천 원은 적지 않은 돈이었지만 신문사를 유지하기에는 부족했다. 신문구독료를 제대로 내는 사람이 적어서 재정은 늘 부족했다. 1903년 초에는 구독료 미수금이 7천 원에 이르기도 했다. 구독료 미수금이 자본금을 넘어선 것이다. 고종황제가 1904년 7월에 내탕금으로 9천 원을 하사하여 사옥을 이전하고 활자도 개량했다.

1900년을 전후로 계몽과 여론을 만드는 데 신문의 중요성은 강조되었다. 1898년 12월에 독립협회가 해산되고 황제의 칙령으로 민간단체 결성을 금지한 이후에 신문 창간은 어려워졌다. 러일전쟁을 기점으로 신문의 논조도 바뀌었다. 러일전쟁 이전에는 새로운 문물을 받아들이려는 개화와 계몽이 주요 기사였다. 러일전쟁 이후에 일본의 침탈이 거세지자 기사의 주제는 국권회복으로 전환되었다. 발간 주체가 종교인 천도교의 〈만세보〉와 천주교의 〈경향신문〉은 포교에 관한 기사를 실었고 일진회 기관지인 〈국민신보〉는 주로 친일 성격의 기사로 채웠다. 이 시기에 언론의 목표는 계몽과 국권회복이었지만 발간 주체에 따라 지향하는 방향은 서로 달랐다.

황성신문은 〈경성신문〉, 〈대한황성신문〉을 계승하여 국한문으로 발행했다. 일반 대중이나 부녀자보다 전통적인 지배층이었던 유생들을 먼저 계몽하는 게 사회가 더 빨리 변화하는 데 도움이 된다고 인식했기 때문이다. 유학자 계층을 계몽하기 위해 1904년까지 강역, 제도, 실학 등 전통학문에 새로운 문화를 더해서 개화사상을 이해시키는 기사를 주로 실었다. 1904년부터 1907년까지 외국의 독립과 개혁사, 망국을 주제로 한 기사를 실었다. 독립과 개혁으로 성공한 나라로는 일본, 이탈리아, 프랑스 사례를 소개했고 베트남, 이집트는 망국의 예로 기사를 썼다. 외국에서 실제로 일어난 일을 기사로 실으면, 서구 열강과 일제의 침탈이 거세진 현실을 제대로 인식하고 당시 상황을 타개하는 교훈을 줄 거라고 기대했다.

황성신문사는 신문을 발간하면서 여러 가지 인쇄물과 책을 만들었다. 이뿐만 아니라 요즘 언론에서 진행하는 캠페인도 벌였다. 1907년 국채보상운동이 그 당시에 황성신문사를 비롯하여 언론사가 힘을 모아 진행한 캠페인이었다. 일본에서 도입한 차관 1,300만 원을 갚아서 주권을 회복하기 위해서 벌인 운동이었는데, 정부의 도움 없이 〈황성신문〉, 〈대한매일신보〉, 〈제국신문〉 등의 신문사가 중심이 되어 성금을 모았다. 국채보상운동으로 일본에 차관을 갚지 못했지만, 최초의 언론 캠페인이며 국민을 하나로 모은 역사적 사건으로 의미가 있다.

1908년 이후에는 외국에서 일어난 사건을 소개하는 기사보다 단군 숭배, 고구려와 발해를 중심으로 한 한국사, 역사 속 영웅과 국가와 민족을 강조하는 등 우리 역사를 조명하는 주제로 민족의식을 고취하는 기사를 실었다. 당시 시대 상황에 맞춰서 우리나라 역사를 조명한 기사는 유학자들에게 나라에 대한 애착과 자긍심을 심어주는 계기가 됐다. 이후 지식인의 주도로 전개한 애국계몽운동으로 이어졌다. 〈황성신문〉은 유학자들에게 개화사상과 실학만 강조하지 않았다. 전통 유학이 가진 장점을 계승하고 동시에 근대화에 역행하는 부분을 반성하는 기사를 써서 보수적인 유학자들에게 변화를 촉구했다.

〈황성신문〉은 근대화 시기에 역사적인 사건을 기사로 게재하면서 신문이 가진 기능을 충실히 수행했다. 정진석 한국외국어대학교 명예교수는 "그 시대에 발행한 신문들은 당시 하루하루를 충실히 기록한다"라고 하며 역사책보다 생생하게 기록된 신문의 매력을 다음과 같이 정리했다.

"신문에는 사관史觀에 입각해 서술된 역사책보다 훨씬 생생한 그 시대가 기록돼 있어 느끼고 배울 수 있는 지점이 많습니다. 신문을 면밀히 보면 왜 우리나라가 고난을 겪었는지, 어떻게 광복이 가능했는지 알 수 있습니다. 역사는 한두 마디로 정의될 수 없지만, 배울 지점들이 정말 많은 것은 사실입니다."

을사조약을 체결하고 3일 후인 1905년 11월 20일에 〈황성신문〉의 논설에 '시일야방성대곡是日也放聲大哭'을 실었다. 시일야방성대곡은 "이 날에 목놓아 크게 우노라"라는 뜻이다. 장지연은 이 글에서 황제의 승인 없이 이루어진 을사조약의 부당함을 알리고 이토 히로부미와 친일파 을사오적[이완용, 박제순, 이지용, 이근택, 권중현]을 규탄했다. 당시 신문에서 논설이 차지하는 비중은 지금과 다르게 굉장히 컸다. 시일야방성대곡 바로 아래에는 '오건조약청체전말'이라는 제목의 기사를 실었다. 오건조약청체전말은 객관적인 시각으로 조약체결 과정을 보도한 기사다. 여기에는 조약을 체결하는 과정에 일어난 사실fact만 썼다. 오건조약청체전말도 장지연이 썼다. 시일야방성대곡은 울분의 심정을 담은 논설이고 오건조약청체전말은 사실만 보도한 기사다. 두 기사의 분량으로 이날 신문을 거의 채웠다.

시일야방성대곡 논설을 싣고 장지연과 신문사 직원들이 구금되었고 〈황성신문〉은 정간되었다.

시일야방성대곡을 실은 다음날 11월 21일 〈대한매일신보〉 1면에는 머릿기사로 시일야방성대곡 논설을 다루면서 다음과 같이 썼다.

"논설 황성의무皇城義務 아아 황성신문은 자기의 의무를 잃지 않았다. 황성 기자의 붓은 가히 해와 달과 더불어 그 빛을 서로 견주리로다."

11월 27일에는 〈대한매일신보〉에서 호외를 발행했다. 앞면에는 시일야방성대곡을 한문으로 번역해서 실었고 뒷면에는 영어로 번역해서 전재했다. 영어로 번역한 기사 앞에 황성신문의 정간이 된 기사를 번역했다고 알렸다.

영문으로 번역한 시일야방성대곡에는 이런 글이 나온다.

"But the Ministrators of our Government, who are worse than pig or dogs"

우리말로 하면 "개·돼지만도 못한 정부 대신들"이다.

〈대한매일신보〉에서 영어로 번역해서 시일야방성대곡을 게재하면서 우리나라와 일본이 체결한 조약이 해외에 알려졌다.

〈황성신문〉은 장지연의 석방과 동시에 정간이 해제되었지만 재정난이 심해서 다음해 2월 12일에 속간되었다. 경영난을 겪으며 발행하던 〈황성신문〉은 1910년 8월 29일 한일합방이 강행되면서 제호가 강제로 〈한성신문〉으로 바뀌었다. 〈한성신문〉으로 제호를 바꿔서 8월 30일부터 발행하지만 9월 14일까지 신문을 만들고 문을 닫았다. 신문화 수용이 필요한 시대인 동시에 외세 침략을 겪은 시기에 〈한성신문〉은 민간 자본으로 설립한 근대 신문으로 국채보상운동과 시일야방성대곡 논설을 싣는 등 민족의식을 고취하고 국민을 계몽·개화하기 위해 노력했다.

| 참고문헌 |

정진석, [매일의 연구, 넓고 깊게], 근대문학 2020.06. Vol.09
최기영, 근대 언론활동, 한국근현대사연구, 1995.
이해창, 〈언론기관의 활동〉, 한국사, 1974.
국사편찬위원회, 근대 언론의 발달, 우리역사넷 신편한국사

| 황성신문 제호 |

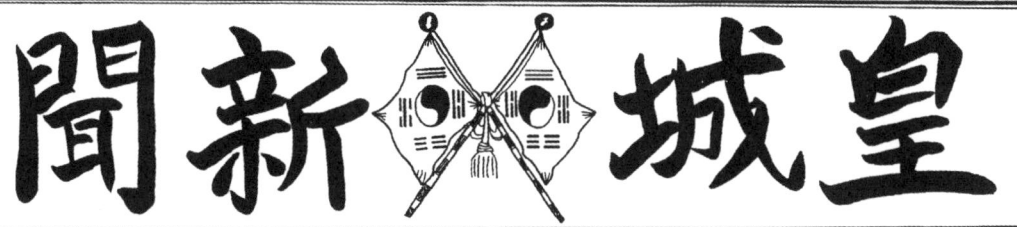

회동서관 터
匯東書館 址

한남서림 터
翰南書林 址

세창서관 터
世昌書館 址

남만서점 터
南蠻書店 址

마리서사 터·박인환선생 집 터
茉莉書肆·朴寅煥家 址

| 2장 |

책을
팔던 곳

회동서관 터 - 표지석

| 회동서관 터 |

회동서관은 1880년대 고제홍이 창업해 1950년대까지 존속한 서점 겸 출판사이다. 1907년 그의 아들 고유상이 회동서관이라는 이름을 지었다. 한용운의 〈님의 침묵〉, 이광수의 〈무정〉 등을 간행해 한국 근대 문학 발전에 크게 기여하였다.

우리나라에 근대 서점이 등장한 것은 갑오개혁[1894년] 이후다. 이 시기부터 상업 출판을 시작했다. 신문물을 받아들이는 개화기에 개혁의 바람을 타고 등장한 근대 서점은 서적 판매와 간행을 하여 서구의 신지식을 보급했다. 새로운 지식의 유통으로 문화는 빠르게 성장했다. 서점은 출판·언론과 함께 신문화 운동을 이끌었다.

근대식 서점의 출현 배경에 앞서, 1883년에 박문국[현재 서울 중구 저동]을 설치하여 신식활자로 〈한성순보〉를 발간했다. 〈한성순보〉는 근대 인쇄기술로 제작한 최초의 인쇄물이다. 1896년에 민간에서 운영하는 출판·인쇄소인 배재학당 활판소를 설립했다. 이후에 신문, 잡지, 서적을 발행하는 숫자가 크게 늘었다. 출판물이 늘어나면서 상업 출판물을 유통하는 서점이 생겨났다. 회동서관, 대동서시, 신구서림, 중앙서관, 광학서포 이렇게 다섯 개 서점이 개화기에 서적을 유통한 5대 서점이다. 이곳을 중심으로 애국계몽 도서와 신

회동서관 터 건너편

소설, 교과서 등 출판물을 유통했다. 근대적 인쇄·출판 기술의 보급으로 출판물의 대량 생산이 가능해지면서 책은 소수 특권층만을 위한 것이 아니라 대중이 소비하는 상품이 되었다.

개화기에 우리나라에 보급된 인쇄 기술은 문학작품 보급과 유통에 혁신적인 변화를 몰고 왔다. 과거에 목판 인쇄 방각본으로 인쇄할 때와 비교해서 활판 인쇄술은 공정이 빠르고 비용도 저렴했다. 출판물을 대량 생산하면서 문학 서적이 빠르게 유통·소비되었다. 특히 일제강점기에 교통과 우편 체계를 정비한 후에는 상업 출판이 더욱 활기를 띠었고, 이로 인해 독서 인구가 늘어났다. 근대 인쇄·출판 기술로 책을 대량 생산하면서 소설과 시 등 문학작품은 예전보다 빠른 속도로 독자에게 전달되었다. 당시 독자들은 근대소설이 책을 매개로 유통된다는 것을 자연스럽게 받아들였다.

회동서관은 갑오개혁 이후에 문을 연 대표적인 근대 서점이다. 1897년 고제홍이 자본금 15만 원으로 청계천 광교 남쪽 서울시 남대문로 1가 14번지에 '고제홍서사'를 설립했다. 고제홍의 부친은 포목상을 운영했는데, 상점을 물려받으면서 서적상으로 업종을 바꿨다. 1907년에 고제홍의 아들 고유상이 가업을 이어받아 회동서관으로 이름을 바꿨다. 회동서관으로 이름을 바꾸고

2장 책을 팔던 곳

본격적으로 서적상 경영을 시작한 것은 그의 나이 스물 네 살 때다.

고유상은 회동서관에서 서적 유통과 출판을 동시에 했다. 서적 유통과 출판뿐만 아니라 학생들에게 필요한 학용품도 취급했다. 설립 초기에는 신소설을, 나중에는 사전과 실용서 특히 산업 발달과 관련한 분야에서 많은 서적을 간행했다. 훗날 회동서관은 근대 출판 역사에 남는 다수의 책을 만들었고 근대식 서점과 유통 체제를 만든 곳으로 평가한다.

회동서관에서는 1908년에 미국 초대 대통령 조지워싱턴 전기인 《화성돈전》을 간행하면서 출판 사업을 시작하여 《철세계》를 이어서 펴냈다. 《화성돈전》은 당시에 3천 부 넘게 팔았다. 이 시기에 과학소설과 계몽소설도 출판했지만 일제는 불온사상 서적으로 분류하여 판매를 금지했다.

1909년에는 종두법을 창시한 지석영이 쓴 《자전석요》를 만들었다. 《자전석요》는 자음과 자의를 한글로 표기하고 그림을 넣어서 한자를 설명한 근대식 옥편이다. 《자전석요》가 나오기 이전에는 《운회옥편》, 《규장전운옥편》 등이 있었지만 대부분 중국에서 만든 것으로 한자의 운[한자의 음절에서 성모를 제외한 부분]으로 배열했다. 운[韻]은 중국어의 자음체계를 표시하는 것이어서 당시에 우리나라에서 사용하는 한자음과 잘 맞지 않았다. 《자전석요》는 한자음을 기준으로 만든 운서와 다르게 우리가 사용하는 한자음에 맞춘 옥편이라서 인기가 있었다. 한자와 한글을 섞어서 사용하던 시기에 10만 부를 판매했다는 기록이 있다. 1909년에 초판을 간행한 《자전석요》는 1925년에 제16판을 간행했다. 광복 후에는 영창서관에서 판권을 넘겨받아 재판을 간행했고 1975년에는 아세아문화사에서 영인본을 만들었다.

회동서관에서 만들어 유통한 책 가운데 《자전석요》만큼 많이 팔리고 인기를 끌었던 책이 있다. 1912년에 발행한 최찬식의 《추월색》이다. 경기도 광주 출신의 최찬식은 대대로 아전조선시대 서리을 배출한 집안에서 태어났다. 형제와 자식들은 일제 식민 통치에 협력하여 출세했다. 최찬식의 아버지 최영년은 일진회 총무원이었고 일진회 기관지 〈국민신보〉의 사장이 됐다. 최찬식은 광주 시흥학교를 다니며 신학문을 공부했고 관립한성중학교를 졸업했다. 1907년 중국 소설 전집 《설부총서》를 번역한 뒤 직접 신소설을 썼다. 1910년대에는 총독부 색채가 짙은 〈신문계〉, 〈반도시론〉에서 기자로 일했다.

《추월색》은 일본인이 발행한 〈조선일일신문〉 한글판에 연재한 소설로 알려져 있다. 회동서관에서 《추월색》을 단행본으로 출간한지 1년 만에 증보판을 냈고 18판까지 발행하며 당대의 베스트셀러가 되었다. 여학생이 칼에 찔리는 내용으로 시작하는 이 소설은 일본 우에노 공원을 배경으로 한 선정적인 소설이다. 비슷한 시기에 나온 소설과 비교해서 묘사가 파격적이고 선정적이었다. 1900년대 신소설은 대부분 젊은 여성의 방랑과 성적인 부분을 일부 다루었지만 궁극적으로 여성을 교육하는 데 명분이 있었다. 이에 반해 《추월색》은 흥미와 통속적인 내용이 전부인 소설이다. 표지에는 원근법을 적용해 일본 우에노 공원 풍경을 그린 삽도挿圖를 실었다.

최찬식은 《추월색》을 쓴 이후에 《안의성》, 《능라도》, 《춘몽》 등을 썼다. 신소설의 인기가 시들해진 후에도 남녀 사이 연애를 주제로 꾸준히 글을 썼다. 그 당시에 나온 대부분의 신소설이 그렇듯 계몽사상을 담거나 문화를 성장시키는 데 도움을 주지 못했지만 《추월색》은 베스트셀러가 돼서 회동서관의 매출에는 크게 기여했다.

회동서관을 대표하는 책은 1926년에 펴낸 한용운의 《님의 침묵》이다. 한용운은 속명이 유천裕穿이고 법명은 용운龍雲, 법호는 만해萬海다. 1879년에 충남 홍성에서 태어나 1897년, 동학농민운동에 가담했다. 이후에 설악산

백담사를 비롯하여 여러 사찰을 전전하며 불도에 입문했다. 《조선불교유신론》, 《정선강의 채근담》 등을 펴내며 불교의 대중화와 혁신운동에 앞장섰다. 1918년에는 교양 잡지 〈유심惟心〉을 발간하며 편집인 겸 발행인이 되었다. 3·1운동 당시에는 33인 민족대표로 기미독립선언서의 '공약삼장'을 추가로 기초했다. 이후 서대문감옥소현재 서대문형무소에서 일본인 검사가 독립에 대한 답변서를 요구하여 '조선독립의 서'를 썼다. 1927년에는 신간회의 중앙 집행위원이 되었고 일제의 불교 탄압에 맞서 불교 대중화 운동을 추진했다.

《님의 침묵》 초판은 168면을 짙은 빨간색 천으로 감싼 하드 커버 장정이다. 하드 커버 앞뒤 표지에는 문양이나 글씨를 넣지 않았다. 오래 전에 만든 하드 커버 책이 대부분 그랬듯이, 책등 표지에만 '님의 침묵'과 '한용운 저'를 표시했다. 앞표지에는 제목이 없고 내제지속표지에 빨간색 굵은 글씨로 '님의 沈默'을 써놓았다. 판권지에는 1926년 5월 15일에 인쇄하여 1926년 5월 20일에 발행한 것으로 되어 있다. 저작자와 발행인은 한용운이고 인쇄한 사람은 권태균이다. 인쇄소는 대동인쇄주식회사, 발행소는 회동서관滙東書館이다. 1934년에 한성도서주식회사에서 판권을 인수한 재판본은 내재지와 판권지를 바꿔서 펴냈다. 한용운이 사망하고 1950년에 한성도서주식회사에서 발행한 3판본은 표지와 장정을 바꿨다. 표지는 분홍색 바탕에 흰색 모란과 짙은 나무 줄기를 그려 넣었고 '한용운 저, 님의 침묵'을 각진 글씨체로 표시했다. 내재지와 서두로 쓴 '군말' 사이에 한용운 사진을 넣었다. 현재 '님의 침묵'의 표지로 알려진 것은 1950년에 한성도서주식회사에서 발행한 3판본이다.

한용운은 《님의 침묵》에 88편의 시를 담았다. '님의 침묵'으로 시작해서 '사랑의 끝판'으로 끝난다. 문학평론가 김재홍 백석대 교수는 만해 한용운 시인을 연구하여 박사 학위를 받았다. 김재홍 교수는 1982년에 발행한 《한용운 문학연구》에 이렇게 썼다.

"시집 《님의 침묵》은 이별에서 시작해서 만남으로 끝나는 극적 구조성을 지닌 한 편의 연작시로 볼 수 있다. 시 전편이 이별-갈등-희망-만남이라는 구조의 끈으로 연결되어 소멸^표-갈등^反-생성^{合}이라는 변증법적 지양을 목표로 하는 극복과 생성의 시편들이라 할 수 있다."

'님의 침묵', '이별은 미의 창조', '당신을 보았습니다'는 김재홍 교수가 말한 이별, 갈등, 희망, 만남, 소멸, 갈등, 상생을 보여주는 시편들이다.

《님의 침묵》은 시집 전체가 여성적 화자가 부르는 사랑의 노래처럼 들리지만, 한용운이 시를 쓴 1920년대 시대 상황에 비추어보면 불교적 사유와 우리 민족이 처한 현실에 기초했다는 사실을 알 수 있다.

회동서관은 1918년에 종로지점으로 광익서관을 만들었고 출판에 집중하기 위해 계문사를 설립했다. 1920년대 초까지 회동서관은 유통과 출판 분야에서 모두 성공하며 사세를 확장했다. 하지만 3·1운동 이후 '일본'을 공부해야 한다는 생각이 사회 전반에 퍼지고 일본으로 유학을 다녀온 지식인들이 출판업에 진출하면서 갑오개혁 이후 설립한 민족계 서점은 경영에 타격을 받았다. 이무렵에 가장 큰 타격을 받은 곳은 최남선의 신문관이다.

신문관은 1918년에 춘원 이광수가 쓴 《무정》을 간행했다. 《무정》 광고에 '문단 창시 이래 명저', '신문단 건설의 초석'이라는 문구를 넣어서 《무정》이 문학사적으로 위대한 작품이라고 소개했다. 《무정》은 630여 면으로, 당시에 출간한 소설에서는 전례를 찾아볼 수 없는 두께였다. 최남선은 《무정》의 서문을 직접 썼다. 본문이 시작하는 페이지에 화려한 문양의 도안을 넣었다. 《무정》은 1917년에 〈매일신보〉에 126회에 걸쳐 연재한 소설인데,

신문관에서는 〈매일신보〉에 연재한 원고를 한글 표기법으로 바꿔서 펴냈다. 당시에 출간한 《조선말본》에 의거하여 가장 진보적인 한글 표기법을 반영해서 원고를 바꿨다. 이광수는 '순국문' 글쓰기를 주장했기 때문에 근대적인 한글 문체로 바꾸는 시도를 했다.

《무정》은 언문일치체 문학의 시초이며 한국 최초의 근대 장편 소설이다. 신문관의 경영이 악화되어 이미 출판했거나 판권을 확보한 책과 원고의 판권을 몇 군데 출판사에 나누어 팔았는데 《무정》의 판권을 광익서관에서 사들였다. 《무정》 3판과 4판은 광익서관에서 나왔다. 3판본은 광익서관과 회동서관 공동으로 발행했고 계문사에서 인쇄했다. 계문사의 사장은 고제홍의 아들 고인상이다. 고제홍의 아들 삼형제는 모두 출판업에 종사하며 문학을 보급하는 데 힘을 보탰다.

회동서관이 1920년대 중반 경영난으로 어려움을 겪으며 《무정》의 판권은 홍문당서점으로 넘어가고 5판, 6판은 홍문당서점에서 만들었다. 홍문당서점은 광익서관의 지형을 그대로 사용했고 표지 장정에만 약간 변화를 주었다. 정교한 인쇄기술이 들어간 표지는 단순하게 바꾸고 표지는 짙은 빨간색 천에서 올이 거친 삼베장정으로 바꿔서 제작비를 줄였다. 판권이 홍문당서점으로 넘어간 후에 간행한 5판도 1만부 이상 판매되며 6판은 다시 올이 고운 광목을 사용한 장정으로 바꿨다. 표지에는 세련된 도안을 다시 넣었다. 이후에 《무정》의 판권은 박문각으로 넘어가서 7~9판을 간행하고, 판권은 다시 경진사로 넘어갔다.

'문화는 인지人智, 인지는 학문에서, 학문은 문자에서, 문자는 서책에서'라는 모토를 앞세웠던 회동서관은 일제가 출판법을 만들어 위인전과 역사서를 압수·판매금지하는 시기에도, 무장한 헌병이 서점 앞을 지키는 상황에서도 출판과 서적 판매를 계속 했다. 근대 문화를 수용하려는 사람들은 회동서관을 대한제국 시기 최대의 서점으로 만들었다. 일제강점기에 일본인이 운영하는 출판사·서점과의 경쟁에서 밀려 침체기를 맞았고 명맥만 유지하다가 1950년대에 문을 닫았다.

　우리나라 서점·출판 역사에 큰 족적을 남긴 회동서관을 기념하기 위해 파주 출판단지를 조성하면서 '회동길'을 만들었다. 아시아출판문화정보센터 주위로 뻗은 1.7킬로미터 거리의 회동길에서 회동서관의 기운을 느껴 보는 것도 광교의 회동서관 터를 찾는 것만큼 의미있는 일이다.

| 참고문헌 |

김재홍, 《한용운문학연구》, 일지사, 1982.
만해사상연구회 편, 《한용운사상연구》, 민족사, 1980.
불교문화연구원, 《한용운 전집》, 2006.
송욱, 《님의 침묵 전편해설》, 과학사, 1974.
서울특별시, 서울 서점 120년展, 시민청 전시, 2016.

| 회동서관 |

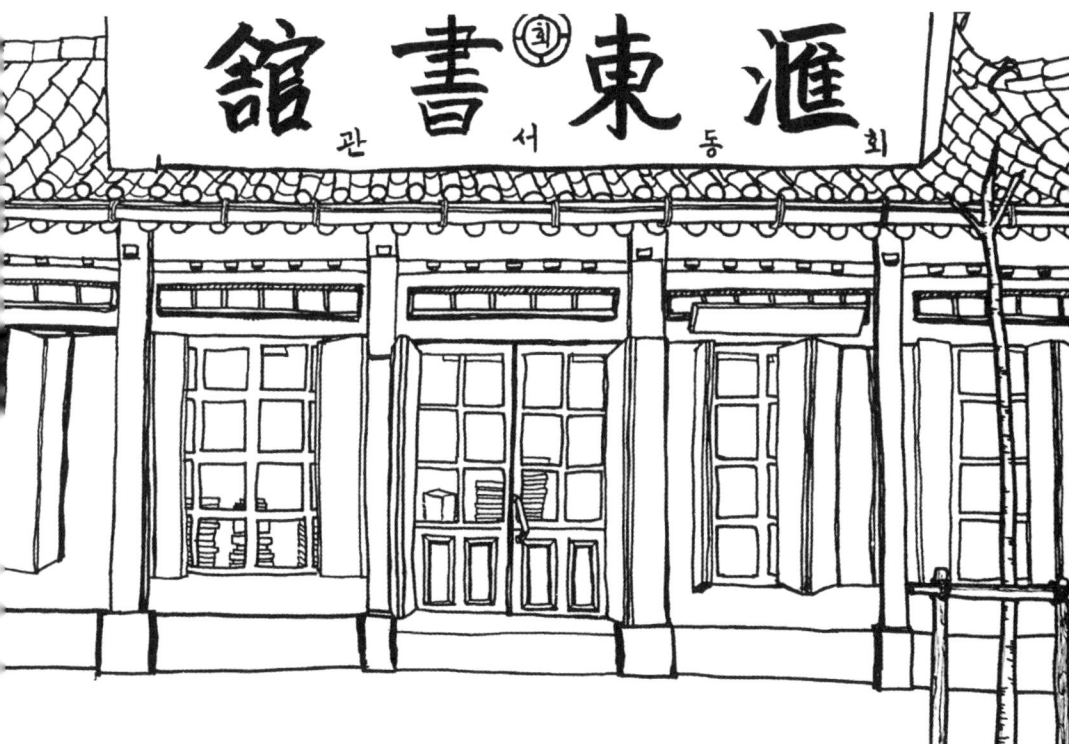

한남서림 터 - 표지석(바닥)

| 한남서림 터 |

한남서림은 고서적 전문서점으로 1910년경 문을 열었으며 1936년 전형필에게 인수되었다. 전형필은 한남서림을 거점으로 삼아 국외로 유출될 위기에 놓인 많은 민족문화유산을 수집했다.

2016년 11월, 서울시청 지하에 자리한 시민청에서 '서울 서점 120년展'이 열렸다. 전시장 입구에 걸린 홍보물에는 다음과 같은 글이 있었다.

"깊은 생을 위해, 더불어 행복하기 위해 서점을 곁에 둬야 한다. 서점에서 시간을 보내는 사람의 모습은 과거에서부터 오늘날까지 이어온 우리 삶의 모습이자, 지켜나가야 할 생활상이다."

'과거에서부터 오늘날까지 이어온 우리 삶의 모습, 지켜야 할 생활상'

이 글의 의미를 실천한 서점은 한남서림이다. 한남서림은 1907년에 백두용이 인사동에 문을 연 고서점이다. 한남서림이 문을 열 무렵, 서울에는 서점이 많지 않았다. 1900년대 초에는 고제홍서사와 김상만서포, 주한영서포, 노익형책사가 있었다. 이 서점들은 각각 회동서관, 광학서포, 중앙서관, 박문서관으로 이름을 바꾸고 근대 서점이 되었다. 서점이 많지 않았던 시절에 한남서림에서는 주로 헌책을 팔았다. 사서삼경처럼 공부를 시작하면

한남서림 터(종로 방향)

서 보는 책, 즉 칠서七書, 독서, 매서, 차서, 방서, 장서, 저서, 초서는 인기가 있었다. 한남서림에서 책을 펴낸 기록도 있다. 방각본 순한글 가집《남태훈 평가》를 간행했다. '《남태훈평가》의 발간과 개화기 한남서림 서적 발행의 의의' 논문에 1920년에 만든《남태훈평가》재판본은 한남서림 판권지가 부착되어 있다고 나온다. 고서적 유통과 간행을 하던 한남서림은 신문물이 들어오던 개화기에 고서적의 인기가 별로 없어서 경영난을 겪었다.

적은 수입으로 어렵게 운영하던 한남서림을 1932년에 조선의 재벌로 불리던 전형필이 인수했다. 당시 전형필은 한학의 대가이자 독립운동가 그리고 고미술품 감정가로 활동한 오세창의 제자였다.

전형필이 휘문고보에 다닐 때, 미술을 가르치던 춘곡 고희동전형필의 스승, 한국인 최초의 서양화가에게 오세창을 소개 받았다. 그로부터 몇 해 뒤에 전형필이 와세다 대학을 졸업한 후에 고미술품을 감정하던 오세창의 문하를 들나들면서부터 문화재 수집에 관심을 가지기 시작했다.

오세창은 문화재라는 개념 조차 없었던 시절에 많은 사람이 고물로 인식하는 물건이 민족의 자긍심을 다시 세울 수 있다고 믿고 직접 문화재를 감정하고 수집했다. 우리나라 최초의 미술사 사전이라고 할 수 있는《근역서

화징》을 펴냈다. 또한 3·1운동 당시 민족대표 33인 가운데 한 사람으로, 훗날까지 일제에 굴복하지 않은 독립운동가다.

오세창은 전형필이 우리 문화유산의 가치를 알아보는 안목을 갖는데 많은 영향을 주었다. 전형필에게 '간송'이라는 호를 지어준 사람도 오세창이다. 간송은 '산골물 간'과 '소나무 송'으로 겨울에도 얼지 않고 흐르는 물과 그 자리를 지키는 소나무라는 뜻이다.

일본 와세다대학을 졸업하고 우리나라에 돌아온 전형필은 10만 석이라는 막대한 재산을 상속받았다. 그는 '이 막대한 재산을 가치 있게 쓸 수 있는 어떤 민족적인 과제가 있는가?'를 고민했다. 오세창은 전형필의 고민에 이렇게 답을 제시했다.

"인간과 짐승을 가장 두드러지게 구분해 주는 것이 바로 문화라는 것이야. 그런 의미에서 한 나라의 문화재란 그것을 공유하는 사람들의 주체성과 정신적 가치가 깃든 일종의 유산이지. 즉 우리 문화재는 우리 민족의 정신이 함축된 유산이란 말일세. 우리 문화재를 지키는 일은 그 일에 생애를 바치겠다는 굳건한 뜻이 있어야 하네. 아니, 그 뜻만큼 중요한 것이 능력이야. 우리 문화재를 닥치는 대로 사들이는 일본인 수집가들과 맞설 수 있는 힘이 있어야 한다는 말일세."

나이 스물다섯에 10만 석의 재산을 상속받은 그는 우리 문화재들을 구매할 수 있는 재력이 있었다. 오세창과 휘문고보 스승인 서양화가 춘곡 고희동 등과 교류를 통해 서화와 고서에 대한 견식과 안목을 높였다.

오세창의 권유로 전형필은 한남서림을 인수하여 골동품을 취급하던 이순황에게 서점 경영을 맡겼다. 전형필은 한남서림에서 고서적과 문화재들을 모으기 시작했다. 일제강점기에 옥인동, 삼청동, 계동 일대에 사는 양반들은 생활고를 겪었다. 이들은 오래된 책과 그림, 도자기 등을 내다 팔았다.

전형필은 한남서림에서 우리나라 문화를 담은 물건들을 수집했다. 1933년에는 정선의 화첩 '해악전신첩'을, 1934년에는 신윤복의 화첩 '혜원전신첩'을 거래했다.

전형필은 신문에 광고도 냈다. 광고 문구는 이랬다.

'고서적 고당판^{옛책판} 고서화 고가매입'

이 광고를 본 사람들은 가치 있는 고서적을 가지고 한남서림에 찾아왔다. 광고를 하기 전에도 거간들 사이에는 한남서림에 가면 제 값보다 후하게 사준다는 소문이 돌았다. 거간들이 가치 있는 서적이나 골동품을 가지고 한남서림으로 오면 전형필이 직접 감정하고 값을 흥정했다. 전형필은 미술에 조예가 깊은 오세창에게 배웠을뿐만 아니라 다양한 물건을 많이 봐왔기 때문에 물건의 가치를 보는 안목이 있었다. 예술품을 보는 안목은 일본의 수집가와 골동품상 보다 훨씬 높았다. 가치 있는 물건이 일본인 수집가 손에 들어 가면 돈을 더 주고 다시 사오기도 했다.

전형필은 문화재를 수집한다는 사실을 들키지 않기 위해 서화와 골동에 미친 사람처럼 행동했다. 가치 있다고 생각하는 헌책은 집 한 채 값, 땅 몇 마지기 값을 쳐주었다. 그렇게 모은 작품 가운데 고려시대, 조선시대 자기와 불상이 있었고 훈민정음 해례본도 있었다.

'훈민정음 해례본'은 최근 몇 년 사이에 세간의 이목을 끌었다. 훈민정음 상주본의 소장자와 돈으로 환산한 가치가 뉴스에 보도되면서 훈민정음 혜례본도 뉴스에 등장했다. 훈민정음 상주본이 국가 소유라는 판결이 나오자 소장자가 1,000억 원을 주면 국가에 돌려주겠다고 버티는 와중에 여러 매체에서 이 소식을 보도했다. 훈민정음 상주본 소장자가 1,000억 원을 달라고 주장한 데는 1조 원의 가치가 있다는 소문이 돌았기 때문이다. 훈민정음 상주본 가치 산정에 참여한 어느 학자는 문화재 자체의 가치에 다른 산업에 미치는 연관 효과까지 감안했다고 밝혔다. 이후에 1조 원의 가치가 있다고 보도한 매체에서 '1조 원 설'을 오도된 것이라고 정정 보도했다. 상주본은 습기에 얼룩지고 불탄 흔적이 있고 떨어져나간 쪽수가 많은 데도 1조 원 설이 나돌았다. 반면, 전형필이 구입해서 국보 70호로 지정된 간송본은 보존 상태나 가치 등 모든 면에서 더 귀중하고 가치 있는 문화재다.

전형필이 훈민정음 혜례본을 사들인 곳이 바로 한남서림이다. 1942년에 조선어학회를 거세게 탄압하던 시기에, 한남서림에 앉아 있던 전형필의 눈에 옛 서적을 거간하던 골동품 상인이 들어왔다. 그가 걸음을 재촉하는 것을 이상하게 여긴 전형필은 그를 붙잡고 인사를 나누었다. 골동품 상인은 경상도 안동에서 훈민정음 원본이 나타났다고 말했다. 그는 훈민정음을 가진 사람이 일천 원을 받겠다고 해서 돈을 구하러 가는 길이었다. 당시에 일천 원은 서울에서 큰 기와집 한 채를 살 수 있는 돈이었다.

전형필은 세종대왕이 한글을 창제할 때 만든 훈민정음 원본이 당시 국내에서 발견되지 않은 것을 알고 있었다. 만약 훈민정음 원본이 거래된다는 소문이 나면 조선총독부가 눈에 불을 켜고 달려들 것이 뻔했다. 골동품 상인에게 일만 일천 원을 주며, 책 주인에게 일 만원을 전하고 일천 원은 중개료로 받으라고 했다. 훈민정음 원본을 사는데 서울의 기와집 열 채 값을 내놓은 것이다. 이런 가격을 쳐준 이유는 두 가지다.

첫째는 훈민정음 원본의 가치를 알았기 때문이고, 둘째는 물건 값은 제값을 받아야 한다는 그의 신조 때문이다. 이렇게 해서 훈민정음 원본은 전형필이 소장하게 되었다. 전형필은 광복이 될 때까지 자신에게 훈민정음이 있다는 사실이 밖으로 알려지지 않게 조심했다. 일제강점기에 조선총독부가 알게 된다면 훈민정음을 빼앗길 수도 있었기 때문이다. 한국 전쟁이 발발하여 피란을 가야 할 상황에서 전형필은 훈민정음을 따로 챙겨서 가방에 넣고 서울을 떠났다. 목판본을 낮에는 품고 다니고 밤에는 베개 사이에 끼우고 자면서 몸에서 떼어 놓지 않았다. 이런 노력으로 국보 제70호로 지정된 훈민정음 혜례본은 지금까지 무사히 보존되어 있다.

경성구락부 경매에서 일본인 미술상 야마나카를 상대로 1만5천 원을 지불하여 '청화철채동채초충문 병'을 낙찰받은 일화도 유명하다. 1936년에 경성구락부에서 조선 백자 경매가 열렸다. 경매를 시작한 가격은 천 원도 안 됐지만 순식간에 1만4천 원이 넘었다. 백자를 두고 계속 가격을 부르는 두 사람은 전형필과 야마나카였다. 다른 골동품 수집가들은 입찰을 포기했고 전형필과 야마나카는 계속 가격을 불렀다. 야마나카가 1만4천5백10원을 부르자 전형필은 곧바로 1만4천5백80원을 불렀다. 얼마를 주더라도 백자를 손에 넣고 싶었던 전형필은 이 경매에서 백자를 낙찰받았다.

현재 국보와 보물로 지정된 다수의 고서적과 미술품은 전형필이 한남서림을 운영하던 시기에 사들였다. 신윤복의 미인도가 일본에 있다는 소식을 듣고 일본으로 건너가 사온 것도 1936년에 있었던 일이다. 1937년에는 영국인 수집가 존 개스비에게 고려청자를 샀다. 영국인 귀족 출신 변호사 개스비는 일제강점기에 동경에 살았다. 미술품에 관심이 많은 개스비는 고려청자를 사모았다. 1936년, 일본이 독일과 동맹을 맺고 한편으로 청나라와 전쟁을 준비하면서 일본 정세가 불안해지자 영국으로 돌아갈 결심을 하고 고려청자 20여 점을 55만 원에 내놓았다.

전형필은 개스비가 수집한 고려청자가 상당히 많다는 것을 알고 있었다. 개스비가 내놓은 고려청자를 사기 위해 집안 대대로 내려온 충남 공주 일대의 땅 1만 마지기를 팔아서 40만 원을 마련했다. 여러 번 가격을 논의한 끝에 개스비는 고려청자 2점을 남기고 나머지를 간송에게 팔았다.

전형필은 20년이 지나서 개스비와 거래한 이야기를 월간 〈신태양〉에 다음과 같이 소개했다.

"그가 오늘날까지 생존해 있다면 때때로 고려자기를 생각할 것이다. 아직 생존해 있어서 노구老軀를 이끌고 한국을 찾아온다면, 다행히 전화戰禍를 면한 그의 애장했던 고려자기를 보여주고 싶다. 말 없는 자기들도 뜻이 있으면 반겨 하리라."

주변 사람들은 10만 석 가산을 책과 화첩, 도자기를 사는데 탕진한다고 비웃었지만 그는 수 백년 넘게 지켜온 문화적 가치와 후대에 남길 유산을 막대한 재산과 맞바꿔 지켜냈다. 전형필은 한남서림을 거점으로 문화재를 수집했다. 이렇게 모은 문화재를 보존하기 위해 1938년에 최초의 근대 사립 미술관인 보화각을 지었다. 보화각은 '빛나는 보배를 모아두는 집'이라는 뜻으로 오세창이 이름을 지었다.

당시 경기도 고양군 성북리현재 서울 성북동에 수만 평의 땅을 사서 미술관을 짓고 문화재를 보존할 계획을 실행에 옮겼다. 보화각이 지금의 간송미술관이다. 간송미술관은 전형필의 뜻에 따라 문화유산을 후손에게 보여주기 위해 1년에 두 번 전시회를 연다. 동대문디자인플라자DDP가 2014년에 개관하면서 간송미술관 특별전을 열었다. 교과서에서 보았던 국보를 실제로 보기 위해서 많은 관객이 전시를 찾았다.

일제강점기에 고서적과 미술품을 모은 간송 전형필과 간송미술관을 아는 사람은 많다. 하지만 근대 초기 민간 서점의 역사를 보여주는 한남서림을 아는 사람은 그리 많지 않다. 1910년부터 1960년대 초까지 한남서림은 고서 유통의 중심에 있었지만, 국문학과 출판학, 서예학을 연구하는 이들에게만 알려졌을 뿐이다. 한남서림 터는 격동의 시기에 전형필이 많은 '보물'을 감정하고 수집한 곳라는 사실을 전하기 위해 2019년 10월에 표지석을 설치했다.

| 참고문헌 |

간송미술문화재단, 민족의 정신을 지킨 구도자 간송, 월간 문화재, 2015.08.
이유진, 방각본 한글 가집《남훈태평가》의 서지 연구, 서울대학교, 2008.
간송미술문화재단, 민족정신을 지킨 구도자 간송, 월간문화재, 2015.08.
손영옥, '훈민정음' 지켜낸 한남서림 자리에 표석을, 국민일보, 2019.07.24.
이은희, 문화재 수호를 통해 독립 운동을 한 간송 전형필, 월간문화재사랑, 2019.05.
서울특별시, 서울 서점 120년展, 시민청 전시, 2016.

| 한남서림 |

세창서관 터 - 표지석

| 세창서관 터 |

세창서관은 출판사 겸 서점으로 1920년대에 신태삼(申泰三)이 설립하였다. 주로 편지류, 창가집, 고소설류를 출판하였는데, 주요 출판물은 편지류인 〈언문편지투(諺文便紙套)〉, 창가집인 〈모던서울창가집(唱歌集)〉, 고소설인 〈배비장전(裵裨將傳)〉, 〈사씨남정기(謝氏南征記)〉 등이 있다.

1993년 4월 3일자 동아일보에 실린 '정도^{定都} 600년 서울 재발견^{再發見}'이라는 연재의 두 번째 주제는 '상인의 거리 종로^{鍾路}'다. 종로 근처에서만 50여 년을 산 아동문학가 어효선 씨의 기억력에 의지해서 대경성전도$^{조선총독부가\ 식민지\ 경영을\ 위해\ 1938년\ 실측\ 제작한\ 지도}$에 종로2가 주변 상점을 표시한 지도가 나온다.

이 기사에서 종로2가의 과거 모습을 다음과 같이 묘사했다.

"보신각과 탑골공원, YMCA와 종로경찰서$^{지금\ 한일관\ 자리}$ 등이 자리잡고 있는 가운데 종로 및 남대문로를 관통하는 전찻길과 청계천 등으로 구획된 종로2가 지역은 상가와 주택가가 자연스럽게 어우러진 지역이었다. 과거부터 그 자리에 있던 육의전$^{무명,\ 모시,\ 삼베,\ 비단,\ 어물,\ 종이}$의 흔적과 잡화상^{동상전東床廛} 등이 드문드문 섞인 가운데 한중일^{韓中日} 또는 서양식 각종 음식점과 양의$^{洋醫,\ 내과,\ 외과,\ 안과,\ 부인과}$들, 또 당시로서는 큰 규모였던 4개의 서점$^{영창,\ 박문,\ 광창,\ 세창서관}$ 등이 보인다."

종로2가 주변 모습을 복원한 지도에서 종로2정목에서 종로3정목으로

세창서관 터 건너편

가는 길에 세창서관이 표시되어 있다. 현재 세창서관 표지석은 종로3가 전철역 1번과 2번 출입구 사이에 있다. 세창서관은 1930년대 신태삼이 설립한 서점 겸 출판사다.

1920~1930년대에 설립한 서점은 출판을 겸하는 곳이 많았다. 인쇄와 출판을 비롯하여 서점 유통이 활발해진 이유는 신문 연재 소설을 단행본으로 출간했기 때문이다. 신문 연재 소설은 이미 대중에게 널리 알려져서 대중성이 보장된 작품이었다. 대표적으로 이광수의 《일설춘향전》 1929년과 《혁명가의 안해》 1930년, 《흙》 1933년, 한인택의 《선풍시대》 1934년, 심훈의 《상록수》 1936년는 판을 거듭하며 출간되었다. 서점에서는 신문 연재로 이미 독자를 확보한 책을 직접 출판하지 않을 이유가 없었다.

신태삼의 외숙 강의영은 영창서관을 경영하고 있었다. 신태삼은 14세부터 영창서관에서 일을 도왔는데 이것을 계기로 출판업과 인연을 맺었다. 당시에는 규모가 큰 서점도 목판으로 찍어낸 몇 종 안되는 서적을 좌판에 올려놓고 팔았다. 사람들이 많이 찾는 책을 기억했다가 좌판에 올려놓는 게 당시 서점의 판매 요령이었다. 영창서관에서 일하던 신태삼은 "책을 대량으로 인쇄하여 싼 값에 공급할 수 없을까?"라는 질문을 되뇌다가 "독자들이 원하는 책을 찍으면 많은 독자를 확보할 수 있다."라는 생각을 하고 외숙에게 이유는 묻지 말고 10원을 달라고 했다. 당시 쌀 한가마를 4원 정도에 거래했으니 10원은 적지 않은 돈이었다. 외숙에게 받은 10원으로 신태삼은 목판을 만드는 가게로 달려가 천자문 목판을 만들었다. 신태삼이 당시에 가장 잘 팔릴 거라고 생각한 책은 천자문이었다. 외숙은 신태삼의 생각에 탄복하여 오세창에게 글씨를 받아서 목판본 《세창 천자문》을 1923년에 간행했다. 천자문이 잘 팔릴 거라는 신태삼의 생각은 적중했다. 《세창 천자문》은 전국으로 유통되었다. 이후에 《2천자문》, 《3천자문》, 《동몽선습》, 《계몽편》 등 한문교육 서적을 이어서 발간했다. 이 책은 당시에 일반 독자 외에도 서당의 교재로 많이 팔렸다.

신태삼은 영창서관에서 간행하는 책마다 성공하자 세창서관을 설립했다. 세창서관을 설립한 그 해에 일본에서 5개월 동안 머물면서 인쇄기술을 배웠다. 우리나라에서는 수공업 형태로 목판을 만들어 인쇄했지만 일본은 지형을 만들어서 대량으로 인쇄했다. 무엇보다 일본인이 독서 습관 덕분에 빠르게 근대화했고 그 결과 우리나라보다 앞섰다고 신태삼은 생각했다. 이들을 앞지르려면 양서를 대량 공급하여 사람들이 깨우치게 만들어야 한다는 생각에 이르렀다.

우리나라로 돌아온 신태삼은 동아일보사와 제휴를 맺고 신문사의 활판시설을 이용해서 대량으로 인쇄했다. 인쇄는 대량으로 했지만 유통망이 갖춰지지 않아서 책을 짊어지고 장터를 찾아다니며 팔았다. 안성장터에 책을 팔러 갔을 때, 우체국에서 우편환을 찾아오는 상인을 보고 책을 우편으로 판매하면 좋겠다고 생각했다. 책을 판매하고 우체국에서 돈을 받는 대체구좌를 만들고 신문에 광고를 했다. 책 마지막 장에는 세창서관에서 간행한 책과 대체구좌 광고를 실었다. 그것이 '경성진체 17번'이다. 이 구좌를 통해서 책을 전국으로 유통하여 신태삼은 종로에서 청년 실업가이자 거상이 되었다.

전국에 소학교를 설립하던 시기에 서당이 쇠퇴했는데, 이전에 《천자문》, 《동몽선습》 등을 서당에 팔았던 경험을 살려서 소학교 학생이 보는 학습참고서 《모범전과》를 간행했다. 이 참고서는 처음에 일본인이 집필했지만 내용이 충실하지 않아서 나중에 한국인에게 집필을 맡겨 풍부한 내용으로 만들었다. 《모범전과》는 외숙이 경영하는 영창서관에서 간행했다. 영창서관을 경영하던 강의영은 나중에 이화학당에서 학생을 가르치던 선교사들이 물러간 후에 재정난을 겪는 이화학당에 큰 돈을 기부했다.

세창서관은 1930년대 이후 창가집, 고소설을 주로 출판했다. 당시 독자들의 눈높이에 맞춰서 고소설을 중판(이미 간행한 책을 다시 써서 간행) 발행했다. 세창서관의 출판물로는 편지류(척독)인 《무쌍주옥척독無雙珠玉尺牘》, 《대중척독》, 《청년편지투》, 《연애편지투》 등이 있다. 창가집으로는 《모던서울창가집》, 《신낙화유수창가집》 등이 있고 고소설로는 《구운몽》, 《박문수전》, 《배비장전》, 《사씨남정기》, 《심청전》 등이 있다.

1930년대 이후 서울에는 서점이 50여 개소, 지방에 20여 개소가 영업했다. 당시에는 서적 출판, 인쇄, 판매가 뚜렷하게 분업화되지 않았다. 출판과 인쇄를 겸한 곳이 있고 출판과 서점을 겸한 곳도 있었다. 출판과 인쇄를 겸한 곳은 대부분 처음에 인쇄소로 시작했고 출판과 서점을 겸한 곳은 처음에 책을 판매만 하다가 출판까지 했다. 세창서관도 서점으로 시작해서 출판을 했다. 세창서관에서 간행한 책 가운데 표지가 눈에 띄는 책이 상당히 많다. '고대소설古代小說'이라는 표제를 붙여서 칼라로 인쇄한 일명 '딱지본'이다. 딱지본은 18세기부터 1900년대 초까지 서울, 전주, 안성 등의 지역 소재 출판과 서점을 겸한 곳에서 간행한 방각본^{민간 자본으로 간행한 상업 출판물} 소설과 신소설을 신식 활판으로 대량 발간한 국문소설을 가리킨다.

《오래된 근대, 딱지본의 책그림》 간행사에 '딱지본' 용어 정리가 나온다. '딱지본'이란 '딱지'와 '본'을 합쳐서 만든 단어다. 국어사전에서 '딱지'의 의미를 찾아보면 "①우표, 증지, 상표 따위처럼 특정한 그림을 그리거나 글을 써 넣어 무슨 표로 쓰는 조잇조각 ②놀이딱지 : 그림을 그리거나 글씨를 쓰거나 장난감으로 만든 여러 조각의 두꺼운 종이"라고 나온다. 딱지의 뜻과 딱지본을 연계하여 생각해보면 딱지본의 딱지는 놀이딱지에 가깝다. 놀이딱지는 일제강점기에도 있었다. 딱지본이라는 말을 처음 사용한 시기를 추정하기는 어렵지만 여러 가지 정황을 고려하면 1950년대 전후에 원색 표지의 이야기책을 서적 유통시장에서 딱지본으로 부르기 시작한 것으로 보인다.

딱지본 출간이 가장 번성하던 때는 1915년 이후부터 1930년경으로 본다. 불과 15년 내외의 기간 동안 활발하게 유통된 딱지본은 서서히 숫자가 줄었지만 1950년대까지 전국 각지의 시장에서 유통되었다.

딱지본은 표지가 원색으로 울긋불긋하게 딱지처럼 인쇄되어 있어서 그렇게 불렀다. 대개 구활자본 고전소설과 신소설을 딱지본이라고 한다. 세창서관에서 발행한 《명사십리》, 《홍길동》 등의 표지 제목 위에는 작은 글씨로 '古代小說'이라고 써 놓았다. 세창서관에서 발행한 《방화수유정》의 표지 제목 위에는 역시 작은 글씨로 '新小說'이라고 써서 소설의 종류를 구분했다. 표지 그림도 소설의 제목을 쉽게 떠올릴 수 있도록 작품의 내용에 부합하게 배경과 인물을 적당히 그려 넣었다. 딱지본 소설 표지는 이야기의 한 장면을 묘사한 삽화와 상징적 의미를 지닌 도안이나 문양을 넣어서 장식했다. 표지 삽화는 소설 내용 중 가장 극적이거나 낭만적인 장면이 들어가는 경우가 많았으며 인물과 배경을 강조했다. 세창서관에서 발행한 《명사십리》는 제목 위에 고대소설古代小說이라고 표시했고 표지 삽화에는 물가의 꽃밭에 어머니와 딸로 보이는 여인 둘이 앉아 있는 모습을 그렸다. 표지 왼쪽 아래에는 세창서관世昌書館에서 만들었다는 표시를 동그라미 모양으로 넣었다. 동그라미에 책 번호를 적어넣고 주소를 표시한 것은 세창서관의 트레이드 마크다. 신소설의 표지도 이와 유사하다. 1930년대 이후에는 영화와 잡지 등 새로운 매체가 등장하면서 표지 삽화에 배경과 사건을 강조하고 주인공을 작게 그리는 풍으로 바뀌었다. 초기에 인물만 크게 그려넣던 삽화와 달라진 부분이다. 딱지본 소설이 유행하기 전에는 책에 계몽과 개화사상을 담았지만, 딱지본이 유행하면서 일탈적인 사건을 강조하는 내용으로 바뀌었고 통속성을 부각한 딱지본은 문학적으로 인정받지 못했다.

고대소설을 중판으로 발행한 딱지본은 우리나라에서 방각본으로 유통하던 소설, 중국이나 일본에서 소설을 가져다가 당시 독자들이 읽기 편하게 번역한 게 대부분이었다. 서지 연구자들이 기존의 방각본과 일반 필사본을 대조한 결과, 고소설을 가져다가 원고·저본으로 사용했다는 사실을 찾아냈다.

국립중앙도서관에서 열린 '세책貰冊과 방각본坊刻本 : 조선의 독서열풍과 만나다'에 금방울전금령전의 세책본돈을 받고 빌려주는 책과 딱지본을 비교한 결과 두 본의 자구는 거의 일체했다. 딱지본에는 세책본에서 볼 수 없었던 장회와 장회명을 넣었다. 딱지본에는 장회와 장회명을 넣어서 편집했다는 사실을 밝혔다. 세책본을 원고·저본으로 사용했지만 장회를 구분하고 읽기 편하게 편집한 이유는 옛 문장을 그대로 쓰는 것이 당시 사정과 맞지 않았기 때문이다. 방각본과 세책본을 딱지본으로 간행했다는 것은 그만큼 수요가 있었다는 방증이다. 세창서관에서 신·구소설을 딱지본으로 간행한 책은 1천여 종에 이른다. 딱지본 소설은 1970~1980년대까지만 해도 헌책방이나 시골 장터에 책을 깔아놓고 파는 데서 어렵지 않게 찾아볼 수 있었다. 불과 30~40년 전만 해도 변두리 헌책방에서 딱지본을 구입할 수 있었지만 지금은 박물관에 가야 볼 수 있는 책이 됐다.

세창서관에서 간행한 책 가운데 고대소설을 중판한 책은 창작물이 아니고 신소설은 계몽이나 개화사상을 주제로 하지 않아서 역사·문화적으로 가치를 인정받지 못했다. 하지만 고대소설을 중판으로 출간해서 역사적인 사료로 활용하는 경우가 많다. 최영희 교수는 《한국사 기행 그 터》에 안동을 '성주풀이를 낳은 고대문화 중심지'라고 표현하면서 이렇게 썼다.

"경상도 안동땅의 제비원이 본향이더라, 제비원의 솔씨를 받아 소평^{小坪}, 대평^{大坪}에 던졌더니 그 솔이 점점 자라 소부동이 되었구나, 소부동이 점점 자라 대부동이 되었구나, 대부동이 점점 자라 청장목이 되고, 황장목이 되고, 도리 기둥이 되었구나. 에라 만수 에라 대신이야"

《한국사 기행 그 터》에서 인용한 성주풀이는 세창서관에서 출판한 작은 노래책《신구잡가》에 실려있다. 이 외에도 6.25 전쟁문학으로 1951년 12월에 간행한 《신무쌍명심보감》도 전쟁 중에 정치, 문화, 사회현상과 출판현황을 조명하는 귀한 자료다. 세창서관에서 간행한 책 가운데 역사 유물로 지정된 책이 있다. 1931년 1월에 변호사 윤용섭이 펴낸《가정 실용 반초언문척독》이다. 이 책은 한글로 쓰여 있으며, 딸을 시집 보내면서 사돈 사이에 교환한 서신을 모아놓았다. 이 책에 일상 생활에 자주 사용하는 27종의 편지 양식 견본이 수록되어 있다. 세창서관에서 1931년에 이 책을 출간하고 신문에 광고를 했다. 이런 책을 간행한 것과 광고한 사실을 미루어 보면 많은 사람들이 결혼 전에 사돈과 편지로 소통했다는 사실을 알 수 있다.

앞에서 아동문학가 어효선 씨가 큰 서점으로 기억하는 세창서관은 신태삼이 큰 돈을 벌어서 세창빌딩을 세우고 여러 직원을 두고 서점을 경영하던 시기였을 것이다. 전성기에는 고대소설, 근대소설, 신학문 서적 외에 학생들이 보는 참고서까지 출판·유통했다. 1970년대 사업이 침체된 후에 아들이 물려받아 옛날 방식을 고수하며 한문고전을 간행했다. 하지만 서점·출판업을 다시 일으키기에는 역부족이었다. 2016년에는 과거에 나온 책을 오리지널 디자인으로 복간하는 출판사에서 김유정이 지은 《초판본 동백꽃》을 1940년 세창서관 오리지널 디자인으로 간행하면서 화제가 되었다.

| 참고문헌 |

이창경 외, 구술 한국현대예술사: 세창서관과 딱지본, 세창서관과 신태삼, 한국문화예술위원회 문화예술, 1987.09.
신태삼 세창서관 사장 인터뷰, 14살 때 문 열어 61년 동안 한문책만 다뤄, 경향신문, 1982.10.13.
세창서관 광고, 가정 실용 반초언문척독, 조선일보, 1931.5.16.
엄태웅, 세창서관의 활자본 고전소설 간행 양상과 의미, 동양고전연구, 2016.
서울 문화재 기념표석들의 스토리텔링 개발, 세창서관 터, 문화콘텐츠닷컴
임재오 편, 역사문화유적의 현장을 찾아, 서울특별시, 2004.
김종수, 한국 근대소설과 출판문화 – 일제 식민지 시기를 중심으로, 근대문학 2016.06. Vol.02
오영식·유춘동 엮음, 《오래된 근대, 딱지본의 책그림》, 소명출판, 2018.

| 세창서관 딱지본 표지 |

남만서점 터 현재 모습(인사동길)

| 남만서점 터 |

남만서점은 시인 오장환이 1938년부터 1940년까지 운영한 문학 전문 서점이다. 종로구 관훈동으로 기록되어 있고 정확한 위치는 알려지지 않았다. 인사동길에 위치한 통문관 근처로 유추하고 있다.

    남만서점은 시인 오장환이 경영한 서점이다. 명동 백작으로 불리는 이봉구 작가는 남만서점이 관훈동이 있었다고 했고, 양병식 작가는 안국동에 있었다고 회상했다. 통문관을 경영한 이겸로 대표가 쓴 《통문관 책방 비화》에 해방 전에 운영하던 서점 목록을 실었는데, 여기에 남만서점은 없다. 충북 보은에 오장환 생가터 옆에 오장환 문학관이 있는데 여기에도 남만서점을 경영했다는 기록을 찾기 어렵다. 남만서점을 경영한 기간이 길지 않았고, 월북한 시인이라서 1988년에 월북 문인에 대한 해금조치가 있기 전까지 시인 오장환에 관한 연구를 하지 않아서 시간이 흐르는 동안 그가 운영한 남만서점에 관한 흔적이 시간 속으로 사라졌을 것이다.

    정확한 위치는 알 수 없지만, 인사동과 관훈동을 잇는 인사동길 어딘가에는 그시절 자유롭게 문학을 논하고 천재 시인 이상의 자화상을 걸어두었던 남만서점이 있었다. 명동 백작으로 불리는 이봉구 작가는 1972년에 펴

남만서점 터 현재 모습(안국동 방향)

내 수필체 소설 《도정》에 남만서점을 다음과 같이 묘사했다.

"장환이 경영하고 있는 책점은 남만서점이라는 괴상한 이름으로, 서점 진열장에 놓인 흰 토끼털 위엔 보들레르의 시집 원서가 놓여 있었고 그 옆으로는 울긋불긋한 무당의 큰 부채가 놓여 있고 정면 벽에는 포오의 사진과 연필로 그린 이상의 자화상이 걸려 있어 이채를 띄었다."

오장환은 선배이자 천재 시인 이상이 1936년에 일본으로 가면서 연필을 주고 갔는데, 그 연필로 그린 이상의 자화상을 남만서점에 걸어두었다. 자화상 속에 이상은 매우 거친 모습이었다. 이봉구의 글에서 묘사한 것처럼 남만서점에는 유명 작가의 원서, 한정판, 희귀본, 호화장정본 등 다른 서점에서 구하기 어려운 문학서적이 많았다. 남만서점에 진열된 책들은 당시 경성제국대학 미야케 시카노스케 교수 부인이 운영하던 서점에서 가져다 놓았다는 추측이 있다. 미야케 시카노스케 교수는 당시에 사회주의 이론가였는데, 교수가 사회주의 사상 문제로 경찰에 체포되었을 때, 그의 부인은 남편이 소장하던 책을 팔기 위해 서점을 열었다. 오장환은 그 서점에 자주 출입하면서 희귀본, 한정판처럼 가치 있는 책을 보는 안목을 키웠다.

오장환은 1933년 휘문고보에서 정지용에게 시를 배웠다. 문예반에서 휘문고보 교지 〈휘문〉을 만들며, 16세에 '아침'과 '화염'을 발표했다. 휘문고보 시절, 학비를 마련하지 못한 오장환은 휴학하고,《조선문단》11월호 '목욕간'이라는 산문시로 등단했다. 이후 시인으로서 인생의 방향을 정했다. 이 시기에 시인 이상이 운영하던 다방 '제비'에 드나들었다. 이곳에서 이상과 친해졌고 이상의 시를 접했다. 휘문고보를 중퇴한 오장환은 일본으로 유학을 떠났다. 동경에 머무르면서 최하층의 노동을 하며 생계를 유지했고 메이지대학에 다녔다. 이 시기에 그는 사회주의에 눈을 떴다. 유학 중에 쓴 시 '우기', '성벽', '온천지' 등은 사회주의 이념에 심취해있을 때 썼다. 유학 기간 중에 쓴 시들을 묶어서 첫 시집《성벽》을 펴냈다. 시집《성벽》이 나온 뒤에 그는 '시단의 황제'라고 불리게 되었다.

오장환이 일본에서 4년 정도 생활하다가 우리나라로 돌아왔는데, 그해 부친이 사망했다. 오장환은 물려받은 유산으로 남만서점을 차렸다. 시집 원서와 한정판, 진귀한 책들을 볼 수 있는 남만서점은 손님들로 붐볐다. 희귀본, 수입한 원서는 고가여서 서점에서 벌어들이는 돈도 많았다. 수입이 늘자 오장환은 '남만서방'이라는 출판사를 만들었다. 서점 경영자가 작가에게 원고를 받아서 직접 출판까지 하던 시절이라서 오장환도 서점과 출판사를 동시에 운영했다. 시인 오장환은 1939년에 자기가 쓴 두 번째 시집《헌사》를 남만서방에서 발행했다. 이어서 김광균의《와사등》도 펴냈다. 오장환이 1940년에 다시 동경으로 떠나면서 남만서점을 정리했기 때문에 남만서방에서 발행한 책은 많지 않았다.

서점을 오래 운영하지 않았고 펴낸 책도《와사등》,《화사집》,《헌사》세 권 정도인데, 2015년에 남만서방이 갑자기 매체에 등장했다. 강제로 '소환' 당했다고 해야 맞을 것이다. 미당 서정주의 첫 시집《화사집》의 특제본이 기사화되면서 남만서점과 시인 오장환이 다시 세상에 나왔다. 미당 서정주 탄생 100주년이 되던 2015년 5월에 국립중앙도서관에서《화사집》특제본을 구입·수집했다는 기사를 매체에서 보도했다. 전문가들도《화사집》특제본이 정말 있었구나 하고 놀랐다.

1941년에 간행한《화사집》이 70년도 더 지나서 화제가 된 이유는 100부만 한정판으로 발간했고 이 가운데 35부만 특제본으로 만들었기 때문이다. 1번부터 15번은 저자 기증본, 16번부터 50번이 특제본, 51번부터 90번은 병제본, 91번부터 100번은 발행인 기증본으로 제작했다. 저자 기증본과 병제본은 이전에 공개되었지만, 특제본은 공개된 적이 없었다.

당시에 예술계에 큰 족적을 남긴 작가들이《화사집》출간에 참여했다.《화사집》특제본 표지는 유화 캔버스로 되어 있고 책등은 비단이다. 책등에 제목은 붉은색 실로 수를 놓았다. 표지 제호를 쓴 사람은 오장환에게 시를 가르쳐준 정지용이다. 그림은 화가이자 교육자인 근원 김용준이 그렸다. 김용준은 1948년에《근원수필》을 내고 다음해《조선미술대요》를 펴냈다. 이 책은 우리나라 최초로 대중적인 미술사를 다뤘다.

오장환은 남만서점을 경영하면서 희귀본, 고급장정으로 만든 수입서적을 많이 보았다. 그 시대에 이미 한정판의 가치를 알았고, '책을 가치 있게 만들겠다'라는 욕심이 생겼을 것이다. 문인들 외에도 김만형, 최재덕 등 신인 화가들과 교류하면서 미술에 대한 안목을 키웠다.《헌사》,《와사등》도 각각 80부, 100부 한정판으로 만들었는데, 오장환은《화사집》에 더 많은 공을 들였다.

오장환과 서정주는〈시인부락〉동인으로 함께 활동했다.〈시인부락〉은 1936년 11월에 창간해서 12월에 2호를 내고 폐간했다. 창간호는 김동리,

서정주, 오장환 등이 모여서 만들었다. 창간호의 발행인은 서정주다. 서정주와 오장환은 〈시인부락〉을 주도한 시인으로 당시 서구 상징주의에 빠져 있었다. 창간호 표지에 넣은 그림에서 상징주의를 엿볼 수 있다. 이들은 〈시인부락〉의 미학관을 충실히 담아낸 그림으로 고갱의 'TE ATUA'로 정했다. TE ATUA는 '신$^{\text{The Gods}}$'이라는 뜻으로, 예수 탄생을 묘사한 그림이다. 예수가 탄생할 때 고귀한 신분의 동방박사가 아니라 하층 여인과 뱀, 공작 등이 경배를 올리는 모습을 그렸다. 2호의 표지 그림도 나비, 말, 물고기, 새들이 활동하는 모습이다. 표지에 넣은 그림 두 개의 의미는 보잘 것 없는 존재의 탄생이야말로 숭고하다는 의미를 담은 것으로 해석한다.

오장환은 〈시인부락〉을 함께 만들며 서정주의 시를 읽고 시집을 내자고 제안했다. 하지만 꽤 오랜 시간이 걸려서 《화사집》이 나왔다. 〈시인부락〉을 1936년에 만들었고 《화사집》이 1941년에 나왔으니 오장환이 서정주를 만난 지 5년 만에 시집을 발행한 것이다. 서정주는 1938년에 원고를 주었고 1940년에 만주로 떠났다. 오장환도 이 시기에 남만서점 문을 닫고 일본으로 떠나면서 출간이 미뤄졌다. 학자들은 시집 출간이 늦어진 결정적인 이유를 제작비가 부족했기 때문이라고 추측한다. 《화사집》이 호화장정으로 출간된 데는 남대문약국 주인이자 〈시인부락〉의 동인이었던 김상준의 역할이 컸다. 오장환은 김상준에게 500원을 받아서 〈화사집〉을 만들었다. 100부 한정판 외에 보급판도 하드커버로 만들었다.

1991년에 도서출판 전원에서 《화사집》 출간 50주년을 기념하여 특제본을 재발간하려고 원본을 구하려고 노력했지만 결국 구하지 못하고 서정주의 기억에 의지해서 《화사집》 특제본을 복각본으로 만들었다. 이 책도 500부 한정판으로 제작했고 30년 전에 만들어서 현재는 구하기 어렵다.

남만서방에서 간행한 시집 가운데 지금까지 회자되는 책이 또 있다. 김광균의 《와사등》이다. 김광균은 정지용, 김기림, 이상 등과 함께 도시의 모습에 빗대서 현실을 표현했다. 한국 모더니즘을 대표하는 시인이다. 그는 모더니스트답게 시에 낭만과 비애, 고독을 표현했다. 그의 시에는 감각적이고 신선한 비유가 드러난다.

"내 어디서 그리 무거운 비애를 지니고 왔기에 / 길-게 늘인 그림자 이다지 어두워 / 내 어디로 어떻게 가라는 슬픈 신호信號기 / 차단-한 등불이 하나 비인 하늘에 걸리어 있다."

와사등은 가스등이다. 김광균은 이 시에서 도시를 상실의 공간으로, 도시의 건물을 묘석墓石에 비유했다. 회화적 요소를 도입해서 소리를 모양으로 바꿔서 표현했고 식민지 시대를 살았던 인간의 비애를 시에 담았다. 1939년에 남만서방에서 발행한 《와사등》은 우리나라 모더니즘 시의 이정표를 세운 기념비적 시집으로 평가한다. 시인 김광균은 한국전쟁 이후 무역회사를 경영하면서 중견기업으로 만들었다. 이후에 무역협회 부회장, 전국경제인연합회 이사직을 역임했다. 경영자로 성공한 그는 후배 시인들에게 경제적인 도움을 주었다.

오장환은 《와사등》을 내고 이어서 자신의 두 번째 시집 《헌사》를 발행했다. 《헌사》 초판은 80부 한정판으로 만들었다. 저작 겸 발행자는 오장환이고 발행소 주소는 경성부 관훈정 146-2 남만서방으로 되어 있다. 《헌사》에는 발문, 서문이 없고 17편의 시만 수록했다. 면수도 없다. 유종호 교수가 쓴 《다시 읽는 한국 시인》에는 《헌사》에 실린 대부분의 시를 다음과 같이 표현했다.

"불길한 시대의 어둠과 지표 없는 불안한 미래를 표상하는 이미지로 가득차 있으며 낭만적 허영과 과장된 영탄으로 자유롭지 못하다."

오장환은 남만서점 문을 닫은 후에도 계속 시집을 냈다. 광복 후에는 번역 시집 《에세-닌 시집》을 비롯하여 《병든 서울》, 《나 사는 곳》을 발간했다. 《병든 서울》은 1946년, 《나 사는 곳》은 1947년에 나왔는데, 시기적으로 광복 전에 쓴 시가 나중에 발간한 《나 사는 곳》에 실렸고 광복 이후에 쓴 시는 먼저 발간한 《병든 서울》에 실었다. '해방 기념 조선문학상' 대상 후보작에 오르고 해방된 조국에서 발행한 국어교과서에 '석탑의 노래'가 실렸다. 광복 이후에 오장환은 일본에서 유학하면서 심취했던 사회주의 사상을 우리나라 문인들에게 전파했다. 그는 임화, 김남천 등과 조선문학가동맹에 참여하여 세상을 바꾸겠다는 신념을 강하게 드러냈다.

《오장환 전집》을 쓴 최두석 교수는 오장환 시의 핵심을 '진보주의'라고 말했다. 최두석 교수는 오장환이 "어떻게 하면 사회가 좀 더 나아질까?"라는 질문을 품고 시를 썼다고 했다. 문화체육부 장관을 지낸 시인 도종환이 오장환 문학제 추진 위원장일 때 오장환 시인에 관해서 다음과 같이 이야기했다.

"오장환은 '성벽'을 통해서 유교적 봉건주의에 반대하는 시를 썼고 또 '전쟁', '수부'를 통해서 일본제국주의의 모순 또 식민지 근대도시의 모순을 날카롭게 파헤쳤다. 식민지 체제에 동화될 수도 없고 또 강하게 저항하지도 못했던 분열하는 자아가 도시, 항구를 배회하는 그런 모습을 보여주는 시를 많이 썼다. 월북한 후에는 어머니와 고향을 그리는 시를 많이 썼다. 타지에서 고향을 그리며 전쟁 중에 세상을 등진 천재 시인이 오장환이다."

오장환 문학관 '영상으로 보는 오장환' 시인 도종환 인터뷰 중에서

미소공동위원회가 결렬되어 문화예술인들을 탄압하고 검거하는 시기에

오장환은 심한 부상을 입고 1947년에 월북했다. 소련으로 건너가 모스크바 볼킨병원에서 치료한 후에 소련을 기행하며 쓴 글을 모아서 《붉은 기》를 발표했다. 《붉은 기》에는 남쪽에 두고 온 홀로 남은 어머니와 고향을 그리워하는 마음을 담았다. 월북한 작가들이 대부분 그렇듯 그가 사망한 날은 정확히 알려지지 않았다. 1951년 한국전쟁 중에 사망했다고 알려졌을 뿐이다.

| 참고문헌 |

홍수영·양지영, 서울, 근대 문학과 미술의 장소, 서울연구원, 2014.
유종호, 《다시 읽는 한국시인》, 문학동네, 2002.
백승찬, 화사집 특제본 발견, 경향신문, 2015.06.18.
정철훈, 누가 미당의 이마를 짚을 것인가②, 뉴시스, 2019.10.10.
박균호, 인사동 한복판에 시집 전문 서점을 연 이유, 오마이뉴스, 2019.11.26.

| 남만서방 발행 시집 《헌사》 |

박인환 선생 집 터 - 표지석

| 마리서사 터·박인환선생 집 터 |

이곳은 모더니즘 시인 박인환(1926-1956)이 1948년부터 1956년까지 거주하며 창작활동을 하였던 장소이다. 1955년에는 〈박인환 시선집〉을 냈으며 〈목마와 숙녀〉는 그의 대표작으로 꼽힌다. 그가 마지막으로 남긴 〈세월이 가면〉은 노래로 만들어져 널리 불리어 지기도 하였다.

마리서사는 오장환이 경영한 남만서점을 드나들던 소년 박인환이 시인이 되고 나서 1945년에 문을 연 서점이다. 종각역과 종로3가역 사이, 종로 거리 한 가운데 마리서사가 있었다. '종로3가 2번지' 지번이 기록되어 있어서 정확한 위치를 알 수 있다. 박인환이 남만서점을 운영하던 시기에 활동하던 문인들이 기억하는 자리와 주소가 일치하니 위치를 의심할 여지는 없다. 마리서사가 있던 자리에는 현재 상가 건물이 들어서 있다. 건물 앞에는 방송인 송해의 이름을 따서 만든 '송해길' 표지판이 있다. 박인환이 1926년에 태어났고, 방송인 송해가 1927년에 황해도에서 태어났으니까 그시절 언제, 어디선가 두 사람이 만났을 수도 있다.

박인환은 강원도 인제에서 태어났다. 박인환의 큰아들이 한 월간지 기자와 인터뷰에서 "아버지가 서울에서 경기중학교를 다니던 시절, 부민관에서 영화를 보다가 선생님에게 들켜서 퇴학을 당했다"라고 했다. 박인환

마리서사 터 현재 모습

은 황해도 재령의 명신중학교를 졸업하고 아버지 뜻에 따라 평양의학전문학교에 다녔다. 광복 후에 학업을 포기하고 서울로 올라와서 마리서사를 열었다. 책을 좋아한 그는 아버지에게 3만 원, 이모에게 2만 원을 빌려서 20여 평 공간에 마리서사를 열었다. 당시에 종로와 인사동에서 영업하던 고서점과 비교하면 적지 않은 규모였다. 광복 직후에 물가가 30배 이상 폭등했고 당시에 공무원 월급이 약 4백~5백 원 정도였다. 박인환이 마리서사 문을 열기 위해 빌린 8만 원은 꽤 큰 돈이었다.

학업을 중단한 박인환이 마리서사를 연 이유는 책을 좋아했기 때문이다. 스무 살 청년이 책을 좋아한다는 이유만으로 서점을 열었다는 것은 요즘 트렌드와 통한다. 많은 사람이 잘하는 것, 좋아하는 것, 흥미를 느끼는 것을 직업으로 만들기를 원한다. 좋아하는 일을 직업으로 하면 나중에 그 일을 싫어하게 된다는 말도 있지만, 자기가 좋아하는 일을 한다는 것은 시대를 막론하고 모든 사람의 바람이다.

책이 좋다는 이유 하나만으로 문을 연 마리서사는 20평 남짓한 공간으로, 종로구 낙원동에 문학촌을 만들려는 박인환의 꿈을 담은 곳이었다. 광복 이후부터 한국전쟁이 일어나기 전까지 이 공간은 한국 모더니즘 시운동을 주도하는 곳이 되었다.

　박인환은 오장환이 경영한 남만서점을 자주 드나들며 그곳에서 세계 여러 나라의 다양한 장정의 책을 접했다. 마리서사를 열면서 남만서점처럼 만들고 싶은 마음도 있었을 것이다. 마리서사에는 고급 장정의 서적과 신간 서적, 중고 서적을 모두 취급했다. 광복 후 혼란한 시기에 문을 열어서 일본어판 세계문학전집, 일본에서 간행한 세계적인 문인의 시집과 폴 엘뤼아르, 마리 로랑생, 장 콕도 등이 쓴 시와 소설집, 화집들이 많았다.

　월북한 시인 임호권과 마리서사 앞에서 찍은 사진을 보면 간판 모양이 예사롭지 않다. 간판은 당시 초현실주의 화가 박일영의 도움으로 만들었다.

　'마리서사'라는 서점 이름이 나온 배경은 두 가지다. 첫 번째는 '미라보 다리'를 쓴 시인 기욤 아폴리네르Guillaume Apollinaire의 연인 프랑스 예술가 마리 로랑생Marie Laurencin의 이름과 책방을 뜻하는 서사書肆를 합쳐 만든 것으로 추측한다. 기욤 아폴리네르는 1900년대 초에 여러 시인과 피카소, 브라크 등 화가와 새로운 예술운동을 주도하며 모더니즘 예술에 많은 영향을 주었다. 마리 로랑생은 프랑스 화가로 기욤 아폴리네르의 연인이었다. 마리 로랑생의 작품은 색과 형태는 단순하지만 디테일이 떨어지지 않았다. 당시에 모더니즘을 추구하는 문학가들은 기욤 아폴리네르가 쓴 시와 소설에서 영감을 얻었고 그의 연인이었던 마리 로랑생은 문학청년들의 이상 속에 연인이었다. 두 번째는 해방 전후 시기에 문을 열어서 일본의 모더니즘 안자이 후유에安西冬衛의 첫 시집 《군함 말리軍艦茉莉》에서 왔다고 주장하는 문인도 있었다. '말리茉莉'는 외래종 떨기나무 일종으로 당시에 일본에서는 '마리'라고 불렀다. 시인 김수영은 훗날 "박일영이란 화가가 '서점 상호를 시집 《군함 말리》에서 따 준 것'이라 말했다"라고 기억했다. 시인 박인환의 큰아들 박세

형은 '마리서사' 이름을 프랑스 예술가 '마리 로라생'의 이름에서 가져왔다고 했다.

박인환이 모더니즘을 추구한 시인이었기 때문에 마리서사 이름을 지은 배경에는 세계적인 모더니스트 문학가와 예술가가 여럿 등장한다. 마리서사라는 이름이 어디에서 나왔는지는 박인환만 알 것이다. 분명한 사실은 마리서사가 한국 모더니즘 시 운동의 모태가 된 장소였다는 것이다. 김수영, 김경린, 김광균, 김기림, 정지용 등 당시에 활동하던 많은 문인과 예술가들이 마리서사를 즐겨 찾았다. 이들은 마리서사에 모여 책을 읽으며 격동기 우리나라 현대시에 관한 자기 생각을 거침 없이 이야기했다. 마리서사에 모인 문인들은 함께 책을 읽고 이야기를 나눈 뒤 유명옥^{선술집}이나 봉선화 다방으로 자리를 옮겨서 또 이야기를 나눴다. 마리서사와 유명옥, 봉선화 다방은 강원도 인제에 지은 박인환 문학관에 재연해놓았다.

시인 김수영은 1966년에 〈마리서사〉와 〈박인환〉이라는 제목으로 산문을 썼다. 〈마리서사〉에서 글을 쓴 의도를 다음과 같이 썼다.

"마리서사를 빌려서 우리 문단에도 해방 이후 짧은 시간이기는 했지만 가장 자유로웠던, 좌우의 구별 없던, 몽마르트르 같은 분위기가 있었다."

김수영의 글에서 마리서사의 분위기를 짐작할 수 있다. 해방 후 사회적으로 혼란한 시기에 새로운 예술을 찾아다니던 문인과 예술인들은 마리서사를 찾아왔다. 박인환은 뜻이 맞는 모더니스트와 문인, 예술가들과 어울리며 자기만의 세계관을 만들었다.

박인환과 어울려 의견을 나누고 함께 술을 마시던 문인들은 1949년에 〈신시론〉을 펴냈다. 다음해에는 합동시집 〈새로운 도시와 시민들의 합창〉을 발간했다. 〈신시론〉과 〈새로운 도시와 시민들의 합창〉은 김경린, 김수영,

박인환, 양병식, 임호권이 만든 동인지다. 임호권은 서문에 "바야흐로 전환하는 역사의 움직임을 모더니즘을 통해 사고해보자"라고 썼다. 여기에는 시 20여 편이 수록되어 있다. 합동시집은 광복 후에 모더니즘을 대표하는 동인지이며 한국전쟁이 끝나고 동인들이 다시 모이는 계기가 되었다.

〈신시론〉, 〈새로운 도시와 시민들의 합창〉은 한국 현대시의 모더니즘 장르를 개척한 것으로 평가된다. 동인지를 함께 만든 문인들은 '새로움'을 추구했다. '신시론', '새로운 도시와 시민'을 제목에 넣은 것도 일제강점기의 과거를 잊고 새로운 시대를 기대한다는 의미다.

마리서사에 관해서 쓴 대부분의 기록에는 마리서사가 문을 연 지 3년 만인 1948년에 경영난으로 서점 문을 닫았다고 나온다. 하지만 2004년에 EBS에서 방송한 〈명동백작〉에는 한국전쟁이 끝난 후에 김수영이 포로수용소에서 받은 상처를 치유하는 공간으로 나온다.

어쨌든 박인환은 서점 경영자로서 능력은 없었지만, 시인 박인환으로서 낭만을 잃지 않은 건 분명하다. '목마와 숙녀'처럼 그는 낭만적이었다. 낭만적인 주인을 닮은 마리서사는 김수영의 표현처럼 모던과 자유를 이야기하는 서울의 몽마르뜨였다. 박인환은 마리서사를 경영하면서 많은 책을 읽었고 문인, 예술가와 교류했다. 여러 사람과 의견을 나누며 사회를 바라보는 시각을 넓혔다. 그는 마리서사에서 만난 이정숙과 결혼했다. 친구와 평생의 반려자를 마리서사에서 만난 것이다. 마리서사 문을 닫은 후에는 자유신문사, 경향신문사에서 기자로 일했다. 경향신문사에서는 사회부 기자로 일했는데, 한국전쟁이 일어난 후에 종군 기자로 한국전쟁을 취재했다.

박인환의 주머니에는 항상 시의 초고가 있었다. 초고를 써두었다가 시상이 떠오르면 고쳐썼다. '지금 그 사람 이름은 잊었지만…'으로 시작하는

'세월이 가면'은 시인 박인환이 세상을 떠나기 일주일 전에 지었다. 명동의 술집 은성주점에서 즉흥적으로 '세월이 가면'을 지었다. 그 자리에서 작곡가 이진섭이 곡을 붙이고 나애심이 노래를 불렀다. 박인환이 마지막으로 세상에 남긴 시 '세월이 가면'은 많은 사람의 애창곡이 되었다.

한국전쟁이 끝나고 1955년에 《박인환선시집》을 발간했다. 이 시집에 대표작 '목마와 숙녀'가 있다. 목마와 숙녀는 전쟁 후에 우울과 고독, 시대적 고뇌를 담았다고 평가받는다. 오문석 교수는 《현대시의 운명, 원치 않았던》에서 박인환을 허무주의자가 아닌 '미래파'라고 했다. 이렇게 평가한 이유는 박인환을 중심으로 만든 동인지 《신시론》이 서정주, 조지훈 등이 쓴 전통적인 서정시에서 한층 발전했기 때문이다. 박인환은 자신의 첫 시집을 내고 다음해 세상을 떠났다. 시인 이상을 동경한 박인환은 지인들과 이상을 추모하며 폭음하다가 집에 돌아와 심장마비로 생을 마감했다.

| 참고문헌 |

오정수, 서점에 수놓인 시인들의 우주, 근대문학 2018.11. Vol.07
오문석,《현대시의 운명, 원치 않았던》, 앨피, 2012.
김희연, '목마와 숙녀'의 시인, 한국전쟁 터지자 종군기자로도 '맹활약', 경향신문, 2016.02.19.
황인찬, 시인 박인환이 1945년부터 3년간 낸 서점, 서울 종로3가 '마리서사', 동아일보, 2013.01.07.

| 마리서사 |

서울중고등학교 터

정신여학교 터
貞信女學校 址

서북학회 터
西北學會 址

보구여관 터
保救女館 址

제중원 터
濟衆院 址

훈련원 터
訓鍊院 址

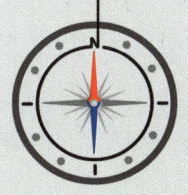

| 3장 |

가르치던 곳

서울중고등학교 터 - 표지석

| 서울중고등학교 터 |

이곳은 본래 경희궁이 자리했던 곳으로 1916년부터 서울중고등학교가 자리잡아 1980년 서초동으로 이전할 때까지 수많은 인재를 길러낸 터로 "서울고인"의 영원한 요람이다.

    서울중학교 터에 관해서 이야기하기에 앞서, 서울의 궁궐을 먼저 살펴보겠다. 서울에 남아있는 궁궐은 경복궁, 창덕궁, 창경궁, 덕수궁^{경운궁}, 경희궁, 다섯 개다. 경복궁과 덕수궁은 시청역과 광화문역에서 가깝고 인근에서 행사와 시위가 열릴 때마다 뉴스에 나온다. 덕수궁 대한문과 경복궁 광화문 앞에서 수문장 교대식을 하는 시간에는 늘 사람이 많다. 창덕궁과 창경궁은 고즈넉한 궁궐 분위기를 느끼기에 제격이다. 경복궁과 덕수궁이 관광지라면 창덕궁과 창경궁은 조용히 사색할 수 있는 궁궐이다.

    다섯 개 궁궐 가운데 경희궁은 찾는 사람이 가장 적다. 바로 옆에 서울역사박물관이 있고 주변이 박물관 거리인데도 경희궁 안으로 들어가는 사람은 많지 않다. 국회의원 선거에 출마하기 위해 정치인이 경희궁 인근의 아파트로 이사하면서 뉴스에는 한동안 '경희궁 ○○아파트'가 나왔다. 이때도 매체에서는 경희궁보다 정치인이 이사를 간 ○○아파트를 더 비중 있게

서울중고등학교 터(경희궁 입구)

다뤘다. 서울중고등학교가 있었던 자리에는 경희궁이 있었다. 경희궁이 없어진 뒤에 서울중고등학교가 생긴 게 아니라 처음부터 궁궐 안에 학교를 지었다. 요즘은 아파트 단지 안에 학교가 있으면 "교육 환경이 좋다", "아이 키우기 좋다"라고 홍보한다. 그런데 궁궐 안에 학교가 있다는 건 상상이 안 된다. 덕수궁, 경복궁, 창덕궁, 창경궁 안에는 학교가 없어서 경희궁 안에 학교가 생긴 이유가 궁금하다.

고종은 조선의 근대화를 준비하는 의지의 표현으로 경복궁 중건을 시작했다. 경복궁을 다시 짓기 위해 경희궁의 전각을 헐어 건축자재로 사용하면서 경희궁은 궁궐로서 위상이 추락했다. 폐허의 궁궐이라고 부를 정도로 경희궁에는 일부 전각만 남았다. 전각이 헐린 경희궁은 더 이상 궁궐이 아니었다. 경복궁을 중건하며 쓴 〈경복궁영건일기〉의 1865년 8월 22일 기록에는 경복궁을 복원하는 데 자재를 마련하기 위해 경희궁 전각을 헐어서 가져간 내용이 있다.

"서궐 내에는 숭정전, 회상전, 정심합, 사현합, 흥정단만 남기고 그 나머지는 모두 헐었다. 목재를 가져오니 다수가 썩었다. 좋은 것을 골라내 나인간과 각서의 건조에 사용했다. 이날부터 궁궐의 뜰에 깔린 전석과 층계석을 뽑아내어 먼저 광화문 역소에 사용했다."

경희궁의 빈 터는 토지로 개간되어 용동궁 등 4개 궁에 분배됐고, 주전소를 설치하여 당오전 주화를 주조·발행했다. 개화 정책의 일환으로 누에를 치는 양잠소를 설치하기도 했다. 훈국신영 자리에는 신식 군대의 초급 장교를 육성하는 무관학교를 세웠고 1899년에는 독일 하인리히 친왕이 조선을 찾았을 때 제국의 위상을 보여주기 위해 경희궁에서 관병식을 진행했다.

일본의 경의 철도 부설에 대항해서 설립한 서북철도국도 경희궁 인근에 있었다. 1898년에는 흥화문에서 전차기공식이 열렸다. 다음해에 서대문 성문으로 전차가 지나다녔다. 1908년에는 근대 연극이 시작된 원각사를 지었다. 일제는 경성시구개수사업을 하면서 1915년에 도로를 확장했고 이때 서대문을 헐었다. 도로를 확장하면서 종로와 맞닿은 흥화문은 남쪽으로 방향을 바꿔서 옮겼다. 흥화문은 원래 동쪽을 향했으며 현재 구세구회관 자리에 있었다. 구세군회관, 새문안교회 등도 1900년대 초에 설립되었다.

1920년에 경운궁과 경희궁을 연결하기 위해 운교를 놓기도 했지만, 이미 궁궐로서 기능을 상실한 후였다. 일제강점기에 조선에 들어온 일본인 관료들은 폐허가 된 경희궁을 그냥 놔두지 않았다. 과거에 궁궐이었지만 전각이 헐린 자리는 공터나 마찬가지였다. 여기에 일본인 관료와 한국에 거주하는 일본인 자식을 교육하기 위해서 경희궁 안에 경성중학교를 지었다.

경성중학교는 해방 후에 서울고등학교가 되었고 사람들은 전각이 사라진 경희궁을 궁궐이 있었던 자리로만 기억하게 되었다. 그러다가 1980년에 서울고등학교가 강남으로 이전하면서 서울시에서 경희궁지를 공원으로 만들었다. 이후 수차례 복원을 위한 발굴 조사를 진행한 후에 경희궁지 서북쪽에는 서울교육청이, 동쪽에는 서울역사박물관이 들어섰다.

1936년에 만든 대경성정도에 경희궁지는 서대문정 2정목西大門町 二丁目으로 표시되어 있고 경성중학교 건물 세 개 동이 그려져 있다. 지도에서 궁궐이 있던 흔적은 찾을 수 없다.

일제강점기에 우리나라 여러 지역과 건물이 전통적인 기능에서 변용되었다. 궁궐의 전각처럼 보존할 가치가 있는 건축물은 해체되어 여기저기로 흩어졌다. 대표적인 곳이 경희궁이다.

일제강점기에는 경희궁 정문인 흥화문을 조선 초대통감이었던 이토 히로부미의 업적을 기리는 사찰 박문사이토 히로부미의 이름, 이등박문의 '박문'을 사찰 이름으로 정했다 건립에 사용했다. 경복궁을 중건하면서 이미 여러 전각을 헐었기 때문에 정문을 떼다 쓴다고 해도 이상할 건 없었을 것이다. 하지만 조선의 궁궐 대문을 조선을 침략한 원수를 기리는 사당 정문으로 쓴다는 것이 바로 침략당한 나라가 겪은 슬픔이다. 박문사를 지은 자리는 드라마틱하게도 일본에 항거하다가 순직한 사람을 기리는 장충단 옆이다. 과거에 박문사가 있던 자리에 지금은 신라호텔이 있다. 경희궁에서 떼어간 흥화문은 박문사 정문이 됐다가 지금은 신라호텔 영빈관의 정문이 되었다.

경성중학교가 들어서는 시기에 경희궁에는 숭정전, 흥화문, 회상전, 황학정 등 몇 개 전각이 남아 있었다. 황학정은 사직단 북쪽으로 옮겼다. 숭정전과 회상전은 각각 경성중학교 교실과 임시소학교교원양성소로 이용하다가 1926년, 1928년에 조동종 조계사에 팔려서 옮겨갔다.

1926년에 일본계 사찰인 조동종 조계사현재 조계사와 다른 사찰이다에 팔려간 숭정전은 1976년에 동국대학교로 이전·복원했다. 현재 동국대학교 법당 정각원으로 사용하고 있다. 1980년에 경희궁을 사적으로 지정하고 복원을 위한 발굴조사를 하면서 동국대학교에 있는 정각원숭정전을 원래 자리로 이전하자는 의견이 있었다. 제자리로 다시 이전하기 위해 조사한 결과 건물 자재가 낡았고 과거에 한 번 이전·복원했기 때문에 다시 해체하여 옮겨 짓는 게 어렵다고 판단해서 이전이 무산됐다.

현재 경희궁 숭정전 건물은 두 개다. 경희궁에 새롭게 복원된 숭전전과 동국대학교 정각원에 있는 본래 숭정전이 있다. 동국대학교로 옮겨간 숭정전에는 가마가 지나가는 답도가 2개 있었는데, 이 중 하나는 복원된 숭정전에, 나머지 하나는 정각원 입구에 놓았다.

경희궁이 있던 자리에 경성중학교가 들어서면서 궁궐의 흔적은 완전히 사라졌다. 경성중학교를 짓기 전까지 조선에 거주하는 일본인 관료들은 아이러니하게도 '독립관'을 통감부중학교로 사용했다. 1896년에 독립협회를 만든 서재필은 청나라 사신을 맞이하던 영은문 자리에 독립문을 세우고 청나라 사신을 맞이하던 모화관을 개수하여 독립관을 만들었다. 당시에 독립관은 중국으로부터 독립한다는 의미를 가진 장소였다. 그래서 일본인 관료들은 아무렇지 않게 독립관을 통감부중학교로 사용했을 것이다.

현재 서대문형무소와 독립문 사이에 있는 독립관은 1997년에 다시 지은 건물이다. 1910년까지 서대문 밖에 독립관 일대를 통감부중학교 건물로 썼다. 경희궁에 서울중고등학교 교사를 완공할 때까지도 일부 전각은 남아있었다. 경성중학교가 경희궁에 들어선 초기에 숭정전은 경성중학교 교사로, 회상전은 임시소학교원양성소기숙사로 사용했고 경희궁 전각이 헐린 자리는 학교 운동장이 되었다. 현재 서울역사박물관 주차장 부근에는 경성중학교 수영장이 있었다.

1920년대 말에는 경희궁 부지가 여러 곳에 매각되었다. 부지를 매입한 곳에서 건물을 지으면서 몇 개 남지 않은 전각과 궁궐의 흔적은 완전히 사라졌다. 경희궁지의 동쪽^{현재 서울역사박물관 인근}에는 조선총독부 관사를 지었고 경희궁 북서쪽에는 기상을 관측하는 경성측후소를 지었다.

다음은 1932년 11월 10일 동아일보에 실린 경성측후소 기사다.

경성의 저 하늘에 바람이 불어 오고저 구름에 비가 싸여온다! 래일은 맑고 치웁다! 그날그날의 창공과 싸우고 긔압과 더부러 날을 보내는 경성측후소^{京城測候所}는 이십년이나 오랜 락원동의 살림사리에서 지난 1일부터 인왕산 기슭 해발 87미돌의 송월동^{松月洞} 마루턱에 약 1천평긔지에다가 내화^{耐火}벽돌과 철근콩크리트를 겸용하야 평가 85평의 『모던』청서를 지어 이사를 하얏다. 총공비는 3만5천원이다.

일제가 경성측후소를 짓기 이전에 경희궁에는 관상감이 있었다. 18세기에 만든 도성대지도에 경희궁 주변의 관청을 표시했다. 경희궁의 정문인 흥화문 앞에는 비변사가 있었고 군사기관인 훈국신영이 있었다. 서대문 밖에는 경기감영이 있었고 경희궁의 남문인 개양문 남서쪽에 천문지리 기관인 관상감이 있었다. 관상감은 조선광문회를 설립한 최남선의 아버지 최헌규가 관상감 기사 겸 상지관으로 일했던 곳이다. 관상감은 일제강점기에 경성측후소가 되었고 나중에 서울기상관측소로 이름이 바뀌었다가 현재 국립기상박물관이 되었다.

경성중학교는 광복 이후 서울공립중학교로 이름을 바꿔서 개교했다. 서울공립중학교는 나중에 서울고등학교가 되었고 1980년에 강남으로 이전하기 전까지 경희궁지에 있었다. 서울고등학교의 상징은 돌거북이다. 돌거북은 서울고등학교가 경희궁지에 있을 때부터 본관 입구에 있었다.

이 돌거북은 창덕궁 금천교에 놓인 돌거북과 모양이 비슷하다. 서울역사박물관 앞에 복원한 금천교에도 돌거북 받침돌이 있다. 1952년에 만든 서울고등학교 교지의 표지에 돌거북을 그려 넣었다. 서울고등학교가 돌거북

3장 가르치던 곳   99

을 학교의 상징으로 정한 데는 사라진 경희궁을 기억하려는 의미가 있을 것이다.

일제강점기 말에 전쟁이 격화되면서, 일제는 연합군 공습을 피하기 위해서 경성중학교 교사로 쓰던 숭정전 동쪽 행랑 부근에 방공호를 짓기로 계획했다. 1937년에 만든 〈경성부 방공시가지 계획조사〉에 일제가 대륙침략을 본격화하면서 전시체제의 일환으로 우리나라 여러 곳에 전쟁을 대비한 시설을 만들었고 그에 관한 기록을 남겼다.

지하전차, 지하공동궁, 신설 저수지, 대피소 등을 짓는 계획을 세웠고 경성중학교 부지는 유사시 대피할 장소로 지정했다. 이 계획에 따라 1944년에 경희궁 뒤편 언덕을 파내서 방공호를 만들었다. 방공호라고 해서 잠시 위험을 피하는 곳이라고 생각하면 안 된다. 이곳에는 환기시설과 조명시설, 대형 모터를 설치할 수 있는 받침대도 있다. 잠시 피하는 목적이 아니라 꽤 오래 머물면서 업무를 수행할 수 있도록 대피공간, 사무공간과 화장실, 세면대가 있는 곳을 분리해 놓았다. 방공호 건설에 강제 동원된 조선인 체신부 직원의 증언에 따르면, 당시에 경복궁 앞에 있었던 조선총독부 지하와 방공호가 연결되었다는 소문이 돌았다고 한다.

1961년에 서울고등학교에서 만든 경희신문에는 학교 시설 배치도가 실렸다. 여기에 방공호는 '지하 체신국'으로 표시되어 있다. 일제강점기에 지은 방공호는 1970년대까지 체신국에서 활용했다. 방공호 입구는 서울역사박물관 주차장에 가면 볼 수 있다.

조선시대에는 경덕궁에서 경희궁으로 바뀌었고 근대에는 해체된 전각이 절과 사당이 되었다가 지금은 호텔 정문으로 쓰이고, 일제강점기에 경성중학교에서 광복 후에 서울중고등학교 그리고 서울고등학교가 되었다가 다시 궁궐로 복원 중인 경희궁은 1980년 9월 사적 제271호로 지정되어 2002년 부터 시민에게 공개되었다.

| 참고문헌 |

서울역사박물관, 〈서울2000년 역사문화 특별전 '경희궁' 전시도록〉, 서울역사박물관, 2015.
정명섭, 서울에 숨겨진 비밀 지하 공간 '경희궁 방공호', 내 손안에 서울, 2019.08.12.
정비·복원을 위한 경희궁지 제2차발굴조사보고서, 단국대학교박물관·서울특별시, 1987.06.
경희궁(慶熙宮), 한국민족문화대백과사전
경희궁지(慶熙宮址), 문화재청 국가문화유산포털

| 서울중고등학교 |

정신여학교 터와 김마리아동상(연지동)

| 정신여학교 터 |

1887년 6월, 여성교육의 필요성을 인식하여 정동여학당(貞洞女學堂)을 건립하여 한국 여성 신교육의 선구자적 요람인 정신여자중·고등학교의 모체가 되다.
(애니 엘러스(Annie Ellers) 선생 추모비 중에서)

덕수궁 돌담길 끝에서 정동길이 시작된다. 정동길에는 최초의 근대식 극장정동극장, 최초의 근대식 호텔손탁호텔, 최초의 개신교회정동제일교회, 최초의 여성병원보구여관이 있었다. 이곳에는 '최초'라는 수식어가 붙은 표지석이 유난히 많다. 고개를 돌리면 표지석이 보이는 정동길에 정신여학교의 전신인 정동여학당이 있었다.

현재 예원학교와 복원된 덕수궁 중명전 자리에 1887년 우리나라 최초의 여성 교육기관인 정동여학당이 문을 열었다. 선교사이자 의사였던 알렌의 집이 정신여학교의 발상지가 된 사연에는 언더우드가 데려온 고아 여자아이가 있다. 언더우드는 1887년에 고아 여러 명을 새로 데려왔다. 이 가운데 정례라는 이름의 다섯 살 여자아이가 있었다. 언더우드는 여느 때처럼 아이를 목욕시킨 다음 새 바지저고리를 입히고 머리를 빗어 땋아주었는데, 정례가 여자 아이임을 알고 제중원 여의사 엘러스에게 보냈다.

정신여학교 터(예원학교와 중명전 일대)

　언더우드는 조선의 관습인 내외의 개념을 알고 있던 터라 남녀부동석의 나라에서 남자아이와 여자아이를 함께 가르칠 수 없다고 생각하여 제중원 여의사 애니 엘러스에게 정례를 맡겼다.

　애니 엘러스는 의과대학을 다니다가 조선에 여성 의료사역자가 필요하다는 선교 정보를 보았다. 그는 1886년 7월에 조선으로 건너와서 많은 일을 했다. 제중원에서 환자를 돌보며 여성을 전문으로 치료하는 부인과를 신설했고 정동여학당의 초대 교장으로 학생을 가르쳤다. 남존여비 사상이 강했던 조선에서 애니 엘러스는 여성이 교육을 받아야 하는 이유를 널리 알렸다.

　〈정신백년사〉에는 정동여학당이 시작한 배경을 이렇게 기록했다.
"1887년 6월 애니 엘리스 선교사는 제중원 사택에서 고아 정례에게 글을 가르쳤는데 얼마 안가서 그해 겨울 가르치는 아이가 세 명으로 늘었다. 이것이 정동여학당의 시초이고 이 자리가 바로 현재 정동 1번지이다."

　덕수궁 중명전과 예원학교 일대는 장로교 선교사로 조선에 온 알렌의 집이 있었던 곳이다. 중명전 앞에 표지판에는 이 자리에 선교사의 집이 있었다는 설명이 있다.

3장 가르치던 곳　　103

중명전 일원

중명전과 예원학교 일대는 서양 선교사들의 거주지였다가, 1897년에 경운궁^{현재} 덕수궁^을 확장할 때에 궁궐로 편입되었다. 경운궁 본궁과 이 일대 사이에 이미 미국 공사관이 자리를 잡고 있어서 별궁처럼 사용되었다. 중명전은 왕실 도서관으로 지은 2층 벽돌 건물이며, 정관헌과 독립문을 설계한 러시아 건축가 사바찐 A.I.Sabatin이 설계했다. 중명전 외에도 환벽정을 비롯한 10여 채의 전각들이 있었으나, 1930년대에 이 일대가 덕수궁에서 제외되면서 다른 건물들은 없어졌다. 중명전은 을사늑약을 체결한 비운의 현장인 동시에, 1907년 헤이그 만국평화회의에 고종이 특사를 파견한 곳이기도 하다.

중명전 입구에 놓인 '중명전 안내'

고종이 덕수궁을 확장하면서 정동여학당이 있었던 곳에 황실도서관으로 사용하기 위해 중명전을 지었다. 중명전을 지은 시기는 1897년으로 추정한다.

근대 문물을 적극적으로 수용한 고종은 중명전을 서양식 건물로 짓기 위해 러시아 건축가 사바찐에게 설계를 맡겼다. 중명전은 서양식 고전주의 건축 양식의 2층 벽돌 건물로 내부에는 벽난로와 샹들리에가 있었다.

중명전의 원래 이름은 수옥헌漱玉軒이다. 1904년에 경운궁^{현재 덕수궁}에 큰 불이 나서 고종이 거처를 옮기면서 '광명이 그치지 않는 전각'이라는 뜻의 '중명전'으로 부르게 되었다.

이듬해 일본 특사 이토 히로부미가 군사를 동원해 중명전을 에워싸고 협상에 조인할 것을 강요했다. 고종이 협상을 거부하고 자리를 떠나자 대신들의 서명으로 조약을 체결했다. 이것이 을사늑약이다. 1907년 4월, 고종은 을사늑약이 군대를 동원한 강제 조약임을 알리기 위해 이준, 이상설, 이위

종을 네덜란드 헤이그에서 열리는 만국평화회의에 특사로 파견했다. 고종은 중명전에서 일제의 만행과 늑약의 부당함을 알리기 위해 외국으로 보내는 친서를 썼다. 특사의 임무도, 친서 전달도 일본의 방해로 실패하고 특사 사건을 빌미로 고종은 폐위됐다.

정동여학당은 현재 예원학교와 덕수궁 중명전 자리에 문을 열었다. 중명전을 짓기로 하면서 1895년에 종로구 연지동으로 이전했고 '사립연동학교'로 이름을 바꿨다.

1906년 7월에 진학신, 김운곡 등이 여자교육과 사회문명을 개진할 목적으로 여자교육회를 조직했다. 이 학회의 부속학교로 1906년에 양규의숙, 1907년에 신학원을 설립했다. 당시에 여자학교는 대부분 기독교 여자선교사가 설립했다. 개화운동과 더불어 민족의식에서 비롯되어 조선에서 관직을 지낸 인물과 민간인이 출자한 학교도 설립되었다.

사립연동학교는 1909년에 '정신여학교'로 교명을 정하고 사립학교로 인가받았다. 이 시기에 기독교 선교사가 설립한 학교를 중심으로 개화운동과 국권회복운동이 일어났다. 근대 사립학교에서 학생을 교육한 목적은 국권회복을 위한 지도자 양성, 배일排日·애국 교과에 의한 민족의식 고취, 애국사상 함양으로 요약된다.

이런 교육을 일제가 좋아할 리 없었다. 1911년, 일제는 기독교 교육을 금지하라는 교육령을 공포했다. 선교사가 설립한 정동여학당의 이념을 계승한 정신여학교를 비롯하여 감리회, 장로회에서 설립한 학교는 일제가 공포한 기독교 교육 금지 교육령을 거부했다. 이로 인해 기독교 선교사가 설립한 학교는 일제강점기 내내 운영이 어려울 정도로 감시와 탄압을 받았다.

다수의 여성 지도자를 배출한 정신여학교는 일제강점기 내내 감시와 탄압을 받았다. 광복을 다섯 달 앞둔, 1945년 3월에 일제는 정신여학교를 폐교 조치했다.

종로구 연지동에는 정신여학교 본관이 아직까지 남아있다. 세브란스관으로 불리는 이 건물은 항일 여성독립운동의 본거지로 독립운동자금을 조달하던 대한민국애국부인회를 조직한 역사적인 장소다.

김필례, 김마리아, 김함라는 정신여학교를 졸업한 여성 지도자다. 이들은 1900년대에 여성 지도자로 독립운동과 여성계몽운동에 앞장섰다. 정신여학교를 졸업한 김필례는 여성계몽운동을 전개한 YWCA 창립을 주도했다. 김마리아는 대한민국애국부인회에서 여성항일운동을 이끌었다. 김함라는 김마리아와 자매 사이로, 광주 수피아여고에서 3·1만세 운동을 준비했다.

1910년에 정신여학교를 졸업한 김마리아는 1913년에 모교에 교사로 부임해 학생을 가르치다가 일본으로 건너가 동경 메지로대학 영문과에 입학했다. 그는 1919년 2월 8일에 일어난 2·8독립선언에 가담했다. 2·8독립선언은 일본에 유학중이던 남녀학생들이 조선의 독립을 요구하는 선언서와 결의문을 선포한 사건이다. 김마리아는 2·8독립선언문 10여 장을 가지고 귀국했다. 2·8독립선언문을 가지고 우리나라로 돌아올 때 김마리아는 일본 전통의상인 기모노를 입었다. 일본에서 생활할 때도 한복을 입은 김마리가가 기모노를 입은 이유는 2·8독립선언문을 숨기기 위해서였다.

김마리아는 허리에서 기모노를 여며주고 장식 역할을 하는 띠오비에 2·8독립선언문을 숨겼다. 오비를 풀면 기모노는 해체되어 속옷이 드러나서 여기에 숨기면 검문에 들키지 않을 거라고 생각했다. 김마리아는 부산항에 도착해서 전라남도 광주와 경상북도 대구, 서울, 황해도 등의 거점 도시를 돌며 종교 지도자를 만나 동경 유학생들의 2·8독립운동을 알렸다.

김마리아가 전달한 2·8독립선언은 거족적인 독립운동을 촉구하는 계기가 되어 3·1운동으로 이어졌다. 3·1운동 이후에도 산발적으로 만세운동이 벌어졌다. 3월 5일에는 정신여학교 학생들과 숭례문 앞에서 시위를 벌였다. 그리고 3월 6일에 3·1운동의 배후로 지목된 김마리아는 체포되어 고문을 당했다. 출소 후에 고문 후유증에 시달리면서도 여성으로 이루어진 비밀 항일단체인 대한민국애국부인회를 조직했다.

1919년 9월에 김마리아는 대한민국애국부인회 취지서에 이렇게 썼다.

"국민으로서 제 나라를 사랑하지 않으면 그 나라를 보존하기 어려운 것은 아무리 우부우부愚夫愚婦라 할지라도 밝히 알 수 있을 것이다. 아! 우리 부인도 국민 중의 일분자다. 국권과 인권을 회복할 목표를 향하여 전진하고 후퇴할 수 없다."

대한민국애국부인회는 전국으로 확산해서 회원수가 2,000명이 넘었고 한 달 여 만에 약 6,000원을 모아 대한민국 임시정부에 독립자금을 보냈다.

종로구 연지동 정신여학교 본관과 신관으로 사용하던 건물 사이에 김마리아가 태극기와 기밀 문서 등을 숨겼던 회나무가 있다. 정신여고의 교목校木인 이 회화나무는 '독립운동나무'로 불린다.

모교인 정신여학교에서 교사로 재직하면서 대한민국애국부인회를 결성한 김마리아는 일제 경찰이 들이닥치기 직전에 3·1운동 관련 비밀 문서와 태극기, 우리나라 역사책 등을 교정 뒷마당에 있던 고목古木 구멍에 숨겨 위험한 고비를 넘겼다. 이 나무는 수령 500년으로 높이 21m, 둘레 4m에 이른다. 현재 서울시 보호수로 지정되어 보존하고 있다.

"본 수목이 위치한 이곳은 정신여자고등학교가 있었던 자리로서 3·1운동 당시 김마리아 선생이 영도한 대한민국애국부인회의 산실이었던 정신여고가 일본 관헌의 수색을 받았을 때 비밀문서와 태극기 그리고 교과목으로 금지되었던 국사교재들을 이 고목의 빈 구멍에 숨겨 위험한 고비를 넘겼고, 후일 각종 비밀문서를 보존하여 역사적인 자료를 남기게 한 유서깊은 수목입니다."

종로구 연지동 정신여학교 터에 위치한 회나무 설명

김필례는 정신여학교 교사와 교감으로 학생을 가르쳤다. 1922년 3월에는 김활란金活蘭과 함께 중국 북경에서 개최된 세계기독교학생대회WSCF에 참석했다. 같은 해 6월, 하령회를 조직하여 김활란·유각경과 대한여자기독교청년회연합회YWCA를 만든 뒤 농촌운동과 여성계몽운동, 여성 지위 향상을 위해 노력했다.

항일민족운동이 사회주의와 민족주의로 양분되자 김필례는 이를 통합하기 위해 항일 여성운동단체인 근우회를 조직했다. 근우회는 1927년에 조직되어 동경과 간도로 조직을 확장하며 1930년까지 70여 개의 지회를 만들고 2,900여 명의 회원을 모았다. 하지만 사회주의 계열과 민족주의 계열 사이에 사상적 차이를 좁히지 못하고 1931년에 해산되었다.

광복 후에 정신여학교는 다시 문을 열었고 중학교와 고등학교로 인가받았다. 1978년에는 수도권 인구분산 계획에 따라 잠실로 이전했다. 현재 종로구 연지동에는 빨간 벽돌로 지은 세브란스관과 루이스관, 그리고 회화나무가 남아있다.

| 참고문헌 |

박광현 편저,《정신백년사》
박지윤 기자, 개교 130주년 맞은 정신여고, 뜻 깊은 홈커밍데이, 내일신문, 2017.11.9.
서울스토리, 조선의 역사와 '정신여학교', 서울스토리, 2014.8.4.
조시승, 3·1운동의 잔다르크 김마리아를 아시나요?, 서울시 내손안에 서울, 2019.2.1.
정동여학당(정신여학교), 한국콘텐츠진흥원 문화콘텐츠닷컴
이윤옥, 정신여고에서 "독립정신"의 강한 에너지를 받다, 우리문화신문, 2015.12.12.

| 정신여학교 선생님과 학생 |

서북학회 터 - 표지석

| 서북학회 터 |

서북학회는 대한제국 시대인 1908년 국권 회복 운동을 위하여 평안도·함경도·황해도민이 조직한 애국 계몽 단체였다. 1909년 만주에 무관학교를 설립하여 독립군 운동으로 전환시키는 데에 크게 기여하였으나 1910년에 강제 해산되었다. 이곳에는 한때 오성학교, 보성전문학교, 건국대학교 전신인 정치대학이 자리하였다.

    서북학회는 평안도·함경도·황해도 출신 지식인들을 중심으로 조직된 서우학회와 함경도 출신 지식인들을 중심으로 조직된 한북흥학회가 통합하여 발족했다. 서북학회가 다른 지방의 학회와 구별되는 특징은 서북 지방에서 새롭게 성장한 신지식층·신흥상공인층의 회원 2,500여 명으로 이루어졌다는 점이다. 서북 지방의 신지식층과 신흥상공인이 하나로 뭉친 배경에는 오랜 시간을 차별 받는 땅에서 살아온 사연이 있었다. 서북 지방은 조선시대 이전부터 수탈과 차별이 끊이지 않았다. 이 지역은 양반보다 천민이 많아서 천민을 중심으로 사회가 이루어졌다. 다른 지역과 비교해서 양반과 천민의 차별이 적었고 빈부의 차이도 심하지 않았다.

    서북 지방은 기후와 환경이 척박해서 이 지역에서 살아온 사람들은 열심히 일해야 살 수 있다는 생각, 즉 독립자활 의지가 강했다. 서북 지방 사람들의 머리에는 개척정신이 뿌리 깊게 박혀 있었고 남에게 의지하여 놀고 먹

서북학회 터 현재 모습(건국빌딩)

는 폐단이 적었다. 남의 노력에 편승해서 먹고 사는 사람, 요즘 말로 '프리라이더'가 많지 않았다. 사업에서도 추진력이 강해서 장사·산업 분야에서 신흥세력으로 성장했고 다른 지역 사람들보다 중소상공인층으로 진출하는 사람이 많았다. 한국전쟁 당시 북에서 내려온 피란민의 생활력이 강한 것도 척박한 환경에서 늘 노력하며 살아온 데서 기인한다.

3·1운동 당시 민족 대표였던 이승훈은 서북 지방 사람들의 이런 성향을 '5백 년 학대가 가져다 준 선물'이라고 했다. 개화기에 서북 지방 사람들은 근대문물을 빠르게 수용했다. 양반과 천민의 차별이 적은 지방이어서 천민이 양반을 섬겨야 하는 제도로부터 자유로울 수 있었기에 다른 지방 사람들보다 앞서 근대문물과 새로운 문화를 수용했다.

서북 지방에 근대문물과 신문화를 전파한 사람들은 선교사다. 개항 이후에 1886년 조불수호통상조약을 기점으로 포교활동은 서북 지방으로 확장했다. 특히 황해도와 평안도에 천주교 신자가 빠르게 늘어났다. 1902년 당시 황해도에는 교인이 7천여 명이었다. 십여 년 사이에 교인의 숫자가 빠르게 늘어난 것이다. 1923년 미국 메리놀외방선교회가 평안도에 진출할 무렵 신도가 약 5천 명이었다. 1940년에는 평안도 지역의 천주교인 숫자가 전

3장 가르치던 곳　111

국 천주교인의 약 16퍼센트를 차지할 정도로 교세가 확장되었다.

다른 지역보다 빨리 유교 이념에서 벗어나 천주교와 개신교를 선택한 이유를 고려대학교 김준엽 전 총장은 "근대 이후 서북의 기독교세가 가장 강력했던 것은 기독교를 조선의 통치 이념인 유교에 대항하는 가치관으로 인식했기 때문"이라고 했다.

개항기에 서북 지방 사람들은 자강운동의 일환으로 교육과 식산^{생산물·재산을}^{늘리는 일}에 집중했다. 자강운동의 배경에는 부지런히 일하고 아껴써서 저축하고 투자하는 일을 하나님의 소명을 받드는 행위라는 믿음이 있었다. 당시에 유행하던 사회진화론의 사상적 세례를 통해 열심히 일해서 산업을 진흥하고 경제적인 실력을 키우는 일이 민족을 자주독립과 부강으로 이끄는 길이라고 생각했다.

개항기에 애국계몽운동은 자강운동과 맞물려서 일어났다. 평안도 지역의 거상이자 민족 대표인 이승훈은 경제적 자립이 전제되지 않고는 국권회복이 불가능하다는 입장에서 서북 지방 토착자본을 하나로 규합하자는 '관서자문론'을 주장했다. 그의 주장에 따라 일제강점기에 민족기업 이념을 가진 사업가들은 민족의식을 더욱 공고히 했고 신민회 회원이 되어 항일 경제운동에 앞장섰다. 서북 지방의 신흥상공인은 일제강점기에 국권회복운동의 일환으로 교육을 통해 국민을 일깨우고 새로운 나라를 만들기 위해 여러 방면으로 노력했다. 이들이 노력하게 된 배경에는 신분제와 과거제가 없어진 새로운 세상에서 자신의 자녀를 출세한 사람으로 키우려는 오랜 숙원이 있었다. 서북학회는 이런 숙원을 담아 탄생했다.

1908년 1월 서우학회 및 한북흥학회가 통합하여 서북학회를 발족했다. 같은해 도산 안창호, 박은식, 유동열, 이동휘 등이 중심이 되어 서북학회를 설립하고 문화계몽운동을 위한 사업을 추진했다.

서북학회는 〈서북학회월보〉를 간행하며, 계몽강연, 청년지도 등을 통하여 민중계몽운동, 민족실업진흥운동 및 항일교육구국운동 등을 전개했다. 오래 전부터 중앙집권 지배세력에 눌려서 지냈던 서북인들은 국운이 기울어 가던 시기에 힘을 모으기 위해서 서울의 중심인 낙원동에 터를 잡았다.

서북학회 회원들의 모금으로 서북학회회관을 지었다. 서북학회회관은 당시 청나라 기술자들이 지었다. 한옥을 짓던 우리나라 사람들은 대부분 목수였고 벽돌로 건물을 짓는 공법을 몰랐기 때문에 1800년대 후반에서 1900년대 초에 지은 대부분의 벽돌 건물은 청나라와 일본에서 온 기술자가 만들었다. 이 시기에 일제는 서양식 벽돌 건물을 지었고 대부분 일본인 기술자들에 의해 건축되었다. 반면, 서북학회회관은 청나라 기술자가 지었다. 일본인 기술자가 짓지 않고 청나라 기술자가 지은 이유는 구국항일단체였던 서북학회에서 일본인의 도움 없이 건물을 짓기를 원했기 때문이다.

1898년에 종로에 지은 한성전기회사 사옥을 모델로 서북학회회관을 설계했다. 한성전기회사 사옥은 당시에 서울에서 매우 큰 건물이었다. 서북학회회관은 한성전기회사의 축소판이라는 평가를 받았다. 르네상스 양식으로, 반지하와 2층 구조였으며 건물 가운데 돔과 탑실을 배치했다. 중앙현관은 돌출된 형태로 창호 배열과 구성은 한성전기회사와 같다. 창문 위쪽은 아치형으로, 쐐기돌은 화강석을 사용했다. 건물 모서리는 코너 스톤을 사용하여 벽돌벽과 구분했다.

1910년에 서북학회회관에 신식교육기관인 서북협성학교를 설립했다. 서북협성학교는 교사 양성기관인 서우학교와 한북학교를 통합하여 만들었다. 뿐만 아니라 서북 지방에 30여 개의 지회와 60여 곳에 학교를 설립했다.

이 시기에 한일합병조약경술국치이 일어났다. 송병준, 이용구 등이 일제에 자금을 지원받아 만든 일진회에서 한일합병조약을 지지하고 나섰을 때, 서북학회는 한일합병조약 반대운동을 했다. 한일합병조약이 체결된 후에 서북학회가 한일합병조약 반대에 앞장섰다는 이유로 강제 해산되었다. 일제의 사립학교령에 따라 우리나라 국민이 주최가 된 교육기관은 대부분 문을 닫았다. 서북협성학교는 오성학교로 교명을 고쳐서 학생을 가르치다가 1918년에 폐교조치를 당했다.

일제강점기에 서북학회와 오성학교는 강제로 해산되었고 폐교됐다. 그러나 서북학회회관은 한국 근·현대 대학교육의 산실로 자리 잡았다. 1918년 현재 고려대학교의 전신인 보성전문학교가 1922년까지 4년 동안 교사校舍로 사용했고, 보성전문학교가 이전한 후에 서북학회의 산하교육기관이었던 협성실업학교의 교사로 운용되었다.

서북학회회관에서 학생을 가르친 학교는 여럿이다. 천도교가 운영하던 보성전문학교, 협성학교, 협성실업학교, 오성학교가 서북학회회관에서 학생을 가르쳤다. 1939년에는 화신백화점 박흥식 사장이 서북학회회관 이사장으로 있으면서 회관을 운영하다가 민중병원현재 건국대학교병원을 운영하던 상허 유석창에게 회관의 소유권을 이전했다. 광복 후에는 잠시 동안 한민당의 본부로 사용되었다.

1946년 5월에 유석창은 서북학회회관에 건국의숙을 만들고 현재 건국대학교의 모체인 조선정치학관을 설립했다. 비슷한 시기에 서북학회회관에서 국민대학을 설립하는 모임을 가졌다. 국민대 설립 기성회는 신익희가 중심이었다. 기성회의 이사진 가운데 독립운동가 장형이 있었는데 독립군에게 군자금을 대주던 박기홍의 부인 조희재로부터 대학을 설립할 토지를 기증받는 과정에 국민대학 설립을 함께 추진하던 신익희가 정치 노선을 바꿨다. 신익희와 정치적 성향이 다른 장형은 토지를 기증하기로 한 조희재와 함께 별도의 대학 설립을 추진한다. 그 결과 장형과 조희재는 1947년 11월에 대학 인가를 받고 단국대학을 설립했다. 신익희의 국민대학 설립 기성회는 1948년에 대학 설립 인가를 받았다. 유석창의 조선정치학관은 1949년에 건국대 설립 인가를 받았다. 세 대학이 모두 서북학회회관에서 대학을 설립했다. 1950년에는 서북학회회관 건너편에 초급덕성여자대학교가 들어섰다. 당시에 네 개의 대학이 모여있었던 낙원동 서북학회회관 일대는 우리나라 최초의 대학로가 되었다.

서북학회회관은 1950년대에 건국대학교 야간부와 법인 사무실로 쓰다가 건국대학교가 현재 위치<small>서울특별시 성동구 모진동</small>로 이전하면서 건물만 남게 되었다. 1976년에 도시계획으로 서북학회회관은 철거될 처지에 놓인다. 건국대학교를 설립한 유석창은 서북학회회관을 보존하기 위해 1977년에 해체하여 1985년에 지금의 건국대 서울캠퍼스에 이전·복원했다. 1970년대 후반에 해체하여 건국대학교에 자재를 보관해오다가 1985년에 옛날 자재로 복원했다.

이전·복원하면서 원형을 상실한 부분도 있다. 서북학회회관을 처음 지을 때, 기단부의 지하층 외벽 재료가 바뀌었고 외벽을 쌓는 방식도 바뀌었다. 이전·복원하면서 바뀐 부분이 있지만, 1908년에 지은 건물을 70여 년 지난 후에 이전 복원한 것만으로도 대단한 일이다. 이 일은 왠만한 의지로는 하기 어려웠을 것이다. 이전하여 복원한 서북학회회관은 2003년 6월 30일에 등록문화재 제53호로 등록되었다.

건국대학교에 이전·복원한 서북학회회관은 건국대학교 설립자의 교육이념을 기리기 위해 '상허기념관'으로 불리며 현재 박물관으로 사용 중이다. 이곳에 서북학회회관과 관련한 각종 유물과 건국대학교 설립자 유석창 박사의 유품을 전시해 놓았다.

서북학회회관은 건축사적 의미뿐만 아니라 종로의 낙원동, 서울의 중심부에 자리하여 대한제국 말기부터 일제강점기를 지나, 광복 이후 우리나라의 근대화의 시기를 모두 품고 있다. 여러 대학과 단체들이 시작된 거점으로서의 역할을 했다는 점에서, 1900년대 격동기에 우리나라의 역사의 단편을 모아놓은 공간이다.

낙원동에 서북학회회관이 있던 자리에는 현재 한국민족예술인총연합회가 위치한 건국빌딩과 주차장이 있다. 건국빌딩은 인사관, 경운관, 건국관 3개 동으로 이루어져 있다. 이 건물 이름이 건국빌딩이고 1층에 제일건국꽃화원 상호에서 이곳이 건국대와 인연을 맺었던 곳이라는 사실을 짐작하게 한다.

서북학회회관 터 표지석은 삼일대로에 있다. 삼일대로는 안국역에서 낙원상가, 탑골공원을 지난다. 3·1운동의 발상지를 기념하기 위해서 붙인 이름이다. 서북학회의 주요 인물이 대부분 독립운동 단체인 신민회를 이끌었다는 사실을 생각하면, 서북학회는 교육계몽운동을 표방한 구국단체임에 틀림없다. 서북학회회관 터를 알리는 표지석 옆에는 서북학회에 관해서 설명하는 안내판과 서북학회회관이 있을 당시에 천도교와 탑골공원, 운현궁 양관 위치를 표시한 조형물이 있다. 하지만 역사의 현장을 알려주는 표지석과 안내판 어디에도 건국대학교에 서북학회회관을 이전·복원했다는 설명은 없다. 서북학회회관이 있었던 장소는 역사적인 의미에서 중요하다. 그리고 이 건물을 백년 전의 모습으로 이전·복원했다는 사실을 알려주는 것도 표지석의 역할이다.

| 참고문헌 |

이진구, 한국 개신교 수용의 사회문화적 토대에 관한 연구, 서울대학교종교문제연구소, 1996.
노주석, 대한제국의 애국계몽운동 터전…해방 이후 원조 대학로, 서울&, 2018.10.25.
곽병찬, '낙원동 대학로'를 아시는가?, 한겨레, 2016.10.11.
정재정, 서울 근현대 역사기행, 혜안, 1998.

| 서북학회 터 |

보구여관 터 - 표지석

| 보구여관 터 |

보구여관은 1887년 미국 북감리회에서 설립한 우리나라 최초의 여성 전용 병원으로 여성 의사와 간호사를 양성하였다. 1912년 흥인지문 옆의 볼드윈 진료소와 합쳐 해리스 기념병원이 되었다. 이화여자대학교 의료원의 전신이다.

1887년 한국 감리교의 의료선교 관리자였던 윌리암 스크랜튼 목사는 한국에는 여성이 남자 의사가 진료하는 병원에 갈 수 없는 풍속이 있는 까닭으로, 한국 여성을 위한 병원설립기금의 청원을 미국 감리교 여성해외선교부에 제출하였다.

이 청원이 승인되어 같은 해 10월에 미국 감리교 여의사인 메타 하워드가 우리나라에 와서 서울 정동貞洞에 있는 이화학당에서 여성 환자를 치료하기 시작했다. 이것이 우리나라 최초의 여성 전문 병원인 보구여관의 시작이었다.

명성황후는 여성을 위한 의료사업이 필요성을 실감하고 여성 전문 병원 의료진을 격려하는 뜻으로 '보구여관普救女館'이라는 이름을 하사했다. 보구여관은 질병으로부터 보호하고 구원해주는 여성 병원이라는 의미다.

보구여관은 한옥을 개조하여 병원으로 만들어서 온돌방을 입원실로 사

보구여관 터 건너편(정동제일교회)

용했다. 당시에 경성에는 알렌이 경영하는 왕립병원이 있었고 또 스크랜튼 목사가 진료하는 감리교 정동병원이 있었다. 하지만 우리나라에는 남녀유별을 엄격히 따지던 내외법이 있어서 의사가 남자인 병원에서 진료를 받는 사람은 거의 대부분 남자였다. 내외법은 1894년부터 1896년까지 추진된 갑오개혁 때 폐지됐다. 보구여관에서 진료하는 동안 내외법이 법령에서 사라졌지만 대부분의 전통과 문화가 그렇듯, 일제강점기 초기까지 내외법은 관습법으로 지켜졌다.

보구여관이 생긴 후에 여자 환자는 보구여관에 와서 치료를 받았다. 보구여관이 처음 문을 열고 10개월 동안 메타 하워드 여의사는 1,100여 명을 치료하였고, 다음해에는 1,400여 명의 환자를 돌보았다. 로제타 셔우드의 아들인 셔우드 홀은 《닥터 홀의 조선회상》에 메타 하워드가 보구여관에서 진료하면서 사라^{일명 봉선 어머니}가 간호원 겸 조수 역할을 하며 도왔다고 했다. 하지만 보구여관을 찾아오는 환자가 많아서 하워드 여의사는 중도농이라고 할 정도로 오랜 시간을 진료에 매달렸다. 여성을 치료하는 병원이 없었던 시절이라서 하워드는 수많은 환자를 진료하느라 과로에 시달렸다. 건강을 해친 하워드는 2년 만에 미국으로 돌아갔다.

메타 하워드의 후임이 오기 전까지 스크랜튼 의사가 보구여관에서 1년 남짓 환자를 진료했다. 1890년 10월에 하워드의 후임으로 로제타 셔우드는 한국어에 대한 지식이 없는 상태로 진료를 시작했다. 로제타 셔우드를 돕기 위해 이화학당에서 영어를 배운 학생 4~5명이 진료소에서 통역을 했다. 로제타 셔우드는 이화학당 학생에게 도움을 받으며, 이들을 정규 의료진으로 키우겠다는 생각을 했다. 의학 공부를 원하는 학생에게 생리학, 인체학, 약물학 등의 의학이론과 약 조제, 환자들의 체온과 혈압 측정, 환자에게 음식과 약의 규칙적인 제공, 궤양과 종기 드레싱 등 기초적인 치료법을 가르쳤다. 의학 공부와 의료에 관한 훈련을 마친 학생은 나이가 어렸지만 약제실과 진료실에서 의료보조인으로 제 역할을 톡톡히 해냈다.

여성도 병원에서 진료를 받을 수 있다는 소문이 나면서 셔우드는 처음 10개월 동안 무려 2,350명의 여성 환자를 치료했다. 진료 기록에 의하면, 셔우드는 바쁜 진료 일정 중에도 82명을 왕진했고 35명이 입원해서 치료받을 수 있게 했다.

로제타 셔우드는 한국 여성들이 의료교육을 받을 수 있는 환경을 마련하는 데 큰 의미를 부여했다. 이화학당 학생을 비롯하여 여의사가 되기를 원하는 이들을 훈련시키면, 이후에는 의사와 환자가 말과 글로 통하기 때문에 더 나은 방법으로 진료하고 다음 세대를 가르치게 될 것이고, 점차 그들의 영향력이 넓어질 것이라고 생각했다.

진료에 매진한 셔우드는 보구여관에서 진료한 지 2년 만에 '여성을 위한 의료사업은 여성의 손으로'라는 구호를 만들어 보구여관에서 최초로 여성에게 의학교육을 했다. 보구여관에서 여성의학교육을 시작할 때 학생은 이화학당 학생 4명과 일본인 여성 1명이었다. 셔우드는 의학훈련반^{Medical Training}

Class을 만들어 이들에게 기초 의학을 가르치고 훈련을 시켰다.

보구여관에서 로제타 셔우드의 통역을 하던 김점동은 의사가 되기 위해 교육을 받았다. 김점동은 미국 선교사 프랭클린 올링거에게 세례를 받고 김 에스더로 이름을 바꿨다. 김 에스더는 보구여관에서 의학훈련을 받고 1896년 10월에 미국으로 유학을 떠났다. 1893년에 박유산과 결혼하여 3년 뒤에 미국으로 건너가면서 남편 성을 따라 박 에스더가 되었다. 미국으로 떠난 그는 볼티모어 여자의과대학 현재 존스홉킨스 의과대학에 입학하여 정식으로 의학 수업을 받았다.

김 에스더는 1900년, 볼티모어 여자의과대학에서 의학박사학위를 받고 귀국하여 우리나라 최초의 여의사가 되었다. 귀국 후에는 보구여관과 셔우드의 조수로 일했던 평양의 감리교 의료기관에서 진료했다. 김 에스더는 우리나라 최초의 의사로서 의료혜택을 받지 못한 사람들을 찾아가서 진료했으며 여성을 위한 의료사업과 여성의 지위 향상을 위해 여러 방면으로 활동했다.

보구여관은 1892년, 흥인지문에 동대문분원을 설치했다. 동대문분원은 '볼드윈 시약소Baldwin Dispensary'로 불렸다. 시약소는 정식 병원은 아니지만 환자를 진료하고 약을 주던 곳이다. 볼드윈 시약소라고 이름을 지은 이유는 미국 오하이오주 클리블랜드에 사는 볼드윈 여사를 기념하기 위해서다. 볼드윈 여사는 한국의 여성운동과 여성의료사업을 위하여 상당한 돈을 기부했다. 기부금으로 현재 흥인지문 건너편 낙산 성곽길이 시작되는 곳에 토지와 가옥을 구입하여 볼드윈 시약소와 동대문교회를 열었다. 기부자의 이름을 따서 시약소를 세우고 1892년 12월 25일 성탄절에 동대문교회에서 첫 예배를 보았다. 볼드윈 시약소로 불린 보구여관의 동대문분원은 나중에 이화여자대학교 의과대학부속병원이 되었다.

1880년대 후반에 미국의 감리교 의료선교 본부는 여러 곳에 시약소를 만들었다. 1888년에 애오개 언덕 초가집에 첫번째 시약소를 차리고 환자들을 돌보며 예배를 보았다. 이곳이 지금의 아현감리교회다. 같은 해에 남대문에도 시약소를 만들었다. 이 자리에 현재 상동교회가 있다. 동대문분원은 세 번째로 생긴 시약소다. 의료선교 본부에서 사대문 밖, 애오개와 동대문에 시약소를 만든 이유는 당시에 정동에는 외국 공관들이 모여 있어서 우리나라 사람들이 지나다니기 불편하다고 판단했기 때문이다. 흥인지문 부근은 많은 사람이 왕래하고 천민과 갓바치, 백정이 모여 살았다.

의료선교사들은 흥인지문 밖에 설치한 볼드윈 시약소에서 환자를 치료하면서 여의사가 되기 위해 공부하는 학생을 가르쳤다. 1902년에 우리나라로 들어와 보구여관에서 간호원으로 근무하던 에드먼드는 정동의 보구여관에 1903년 간호원양성소The Nurses' Training School를 설립하여 간호원 양성에 앞장섰다. 몇 해 뒤에 볼드윈 시약소는 동대문병원이 되었고 간호원양성소는 동대문병원으로 이전했다. 간호원양성소는 1906년에 세브란스병원을 설립하면서 통합되었다. 간호원양성소가 세브란스병원에 통합되기 전까지 보구여관의 간호원양성소는 60명의 간호원을 배출했다.

보구여관은 우리나라가 근대화하던 시기에 의사, 간호사를 양성하는 데 큰 도움을 주었다. 볼드윈 시약소가 동대문병원이 되고, 간호원양성소가 세브란스병원과 통합하는 동안 정동의 보구여관도 현대식 병원으로 거듭나기 위해 1909년에 흥인지문 건너편 언덕이화여자대학교 의과대학부속병원이 있던 자리에 자리를 마련했다.

1912년, 당시에 최대 규모의 부인병원이 흥인지문 인근에 생겼다. 병원 건물의 웅장한 모습은 흥인지문을 통해서 지방에서 서울로 들어오는 사람들에게 명물이 되었다. 흥인지문에 지은 병원 이름을 처음에는 '해리스 기념병원The Lillian Harris Memorial Hospital'이라고 불렀다. 1897년 10월에 내한하여 5년간 서울과 평양에서 우리나라 여성의 병을 치료하다가 사망한 해리스를 기념하기 위해서였다. 해리스는 평양에서 발진티푸스에 걸린 여자를 치료하던 중 감염되어 1902년 5월에 사망했다.

정동에 있던 보구여관이 동대문분원으로 이전하여 이 병원에 통합되면서 1930년부터는 '동대문부인병원'으로 불렸다. 1945년 이화여자대학교에 행림원杏林院 의학부가 창설됨에 따라 이 동대문부인병원은 이화여자대학교 부속병원이 되었다.

| 참고문헌 |

《이화 80년사 Official Minutes of Korea Mission (Methodist Episcopal Church, 1893~1904)》, 이화여자대학교, 1966.
The Korea Mission of the Methodist Episcopal Church, Jones, George Heber, New York: Board of Foreign Missions of M.E.C., 1910., Within the Gate, Sauer, Charles A.,Seoul, YMCA Press, 1934.
셔우드 홀,《닥터 홀의 조선회상》, 좋은 씨앗, 2006.
이방원,〈보구여관 간호원양성소(1903~1933)의 설립과 운영〉, 의사학 제20권 제2호, 2011.12.
보구여관(普救女館), 한국민족문화대백과사전

| 보구여관 간호학생 |

제중원 터 현재 모습(재동, 헌법재판소)

| 제중원 터 |

제중원은 1885(고종22)년 알렌(Allen)의 제의에 따라 통리교섭통상사무아문 산하에 설립된 서양식 병원이다. 처음에는 광혜원(廣惠院)으로 이름 붙였다가 취소하고 제중원으로 하였다. 2년 뒤에 구리개(銅峴)로 옮겼다. 제중원 건물은 홍영식(洪英植)의 집이었다.

조선에는 의료를 관장하는 몇 개의 관청이 있었다. 내약방, 전의감, 혜민국, 동서대비원, 제생원 등이 역사책과 드라마에 자주 나오는 조선시대 의료기관이다. 의료를 담당하는 관청은 고려시대부터 있었다. 조선시대에도 명칭과 기능을 계승했지만 대부분 한양 도성 안, 지금의 서울 종로, 중구 일대에 있었다.

궁중에서 의약醫藥을 맡아 보던 관아는 내약방이다. 궁궐 안에 있다고 해서 내약방이라고 했다. 궁에서 쓰는 약을 관리하는 전의감은 견평방^{지금의 종로구 견지동, 현재 조개사 앞 우정국 길에 표지석이 있음}에 있었다. 혜민서^{종로3가 역 인근에 표지석이 있음}는 궁궐 밖에 있었지만 도성을 벗어나지 않았다. 이 가운데 고려시대부터 있었던 대비원만 동소문과 서소문 밖에서 자리해서 동서대비원이라고 한다. 이곳에서 병자와 굶주린 사람을 돌보았다.

조선시대 의료기관은 궁궐에 가까울 수록 의료 수준이 높았다. 지금은

제중원 터 현재 모습(도동, 세브란스 빌딩)

전국 도시에 대형병원이 있지만, 지방에 사는 사람들은 큰 수술을 받으려면 여전히 서울의 대형병원을 찾아온다. 내약방은 내의원, 혜민국은 혜민서, 대비원은 활인서로 바뀌었고 제생원은 혜민서에 통합되었다.

조선 중기 이후에도 치료 수준은 낮았고 치료 방법도 새로울 게 없었다. 조선 후기까지 치료의 공간은 집이었다. 병원의 개념이 없었고 의료를 관장하는 관청에서 환자를 수용해서 치료할 정도로 환자의 수가 많지 않았기 때문이다.

병을 고치려는 환자가 많지 않으니 의료 기관이 필요하다는 생각은 하지 않았다. 이런 이유로 한양도성 공사를 마무리한 후에 제생원도 없앴다. 활인서는 남아 있지만, 환자를 수용해서 치료하는 시설이기 보다 가난하고 병든 사람에게 약과 죽 등을 나눠주는 역할만 했다.

환자를 치료하는 의사가 상주하는 병원은 개항 이후 인천과 부산에 생겼다. 1877년, 일본은 부산에 제생의원을 세웠다. 개항장에 생긴 병원은 우리나라 환자^{조선 사람}도 치료한다고 했지만 실제로 이곳을 찾는 환자는 조선에 거류하는 일본인이었다.

조선이 근대 국가인 대한제국으로 바뀌는 과정에 고종은 근대식 의료기

3장 가르치던 곳   125

관을 만들려고 했다. 의술이 발전하면 전쟁터에서 군인들이 두려움을 잊고 싸운다는 주장이 힘을 얻고 있던 터라 근대식 병원 설립을 반대하는 사람은 없었다. 주술적인 방법으로 의사 역할을 하던 무당을 제외하고 거의 모든 사람이 근대식 병원이 필요하다는 데 동의했다.

이런 시기에 마침, 일본에 와 있던 미국 선교사 로버트 맥클레이는 개화파 정치인 김옥균을 통해서 고종에게 서울에 병원을 짓겠다는 제안을 했다. 하지만 갑신정변이 실패한 이후 맥클레이의 병원 설립 제안은 흐지부지되고 말았다. 김옥균이 정변을 일으킨 장소는 과거에 전의감이 있었던 우정국^{현재 서울 조계사 앞에 복원되어 있다}이었다. 김옥균이 우정국 설치 축하연에서 정변을 일으켜 개혁을 반대하는 수구세력을 모두 암살하려 했다. 하지만, 민영익에게만 중상을 입히고 정변은 실패했다.

칼에 찔려서 중상을 입은 민영익을 미국 공사관에서 의사로 일하던 알렌이 치료해서 목숨을 구했다. 이 사건은 근대식 병원을 설립하는 계기가 되었다. 알렌은 중상을 입은 민영익을 살려냈고, 이 일로 고종을 직접 만나서 병원 설립을 제안했다. 고종은 근대식 의료기관을 만들려고 했던 터라 알렌이 제안한 서양식 근대 병원에 관심을 보였다. 알렌은 의료 기술, 도구, 의료인까지 모두 제공한다고 했다. 고종은 갑신정변을 주도하여 역적이 된 홍영식의 집^{현재 헌법재판소 자리}을 알렌에게 내주었다.

알렌은 홍영식의 집을 개조하여 진찰실, 입원실, 대기실, 수술실, 약국 등을 마련했다. 1885년 4월 10일, 우리나라 최초의 근대식 병원인 광혜원이 문을 열었다.

광혜원廣惠院은 널리 은혜를 베푼다는 뜻이다. 고종은 광혜원이라는 이름을 하사한 지 불과 12일 만에 '제중원濟衆院'으로 이름을 바꿨다. 제중원은 대중을 구제한다는 의미다. 은혜를 베푸는 곳이 아니라 대중, 즉 조선의 백성을 치료하는 병원으로 만들려는 고종의 의지를 제중원이라는 이름에서 알 수 있다. 제중원을 세우는 데 필요한 돈을 알렌이 조달했다는 기록이 많다. 하지만 실제로는 조선에서 상당한 금액을 지원했다. 의정부의 각료가 회의한 내용을 기록한 《주본존안奏本存案》에는 제중원 찬성금으로 '일금 삼천 원'을 냈다는 기록이 있다. 당시 쌀 한 가마니 가격이 3원 정도였다. 쌀 천 가마니를 살 수 있는 삼천 원은 매우 큰 돈이었다.

제중원을 설립하면서 조선에서 건물과 병원 운영비, 업무를 보조하는 인력을 제공하고 미국에서 온 선교사들이 의사, 간호사로 사역하며 제중원을 운영하기로 했다. 제중원은 조선과 미국의 합작 병원이었다. 이듬해 3월 29일 의료 교육을 위해 제중원의학교를 만들었다. 제중원의학교는 우리나라 최초로 근대의학 교육을 시작한 곳이다.

서울대학교 황상익 교수와 연세대학교 박형우 교수의 연구로 현재 헌법재판소에 백송과 제중원 도면으로 제중원의 건물 위치를 정확히 알 수 있다. 알렌이 1886년에 작성한 보고서의 제중원 배치도에도 백송과 주변 건물이 표시되어 있다. 1932년에 경성여자고보 졸업생의 증언과 지적도 등을 종합하여 1886년, 제중원 설립 초기 배치도를 복원했다.

백송을 사이에 두고 제중원 터 표지석과 박규수 선생 집터 표지석이 있다. 조선의 개화파를 이끈 박규수가 세상을 떠난 뒤에 홍영식이 박규수 집에서 살았거나 인근에 살다가 박규수 집을 매입하여 확장한 것으로 추정한다. 초기의 제중원이 여러 개의 가옥으로 구성된 것으로 보면, 둘 이상의 가옥을 합쳐서 제중원으로 사용했다는 주장도 있다.

우정국 축하연에서 칼에 찔려 중상을 입은 민영익을 살려냈다는 소문이

나자 제중원에 환자가 몰려들었다. 과거에는 못 고친다고 믿었던 병을 제중원에서 근대 의술로 고치면서 '못 고치는 병이 없는 병원'이 됐다. 제중원에서 본격적으로 환자를 치료한 지 얼마 지나지 않아서 알렌은 환자 치료와 의료 교육을 원활하게 하기 위해 더 넓은 곳으로 이전을 계획했다. 1886년에 알렌은 병원 확장 이전에 대한 건의서를 제출했다. 일반 가옥을 개조한 제중원이 병원으로 적합하지 않았고 많은 환자를 수용하기 어려운 점, 궁궐 인근이라 환자들이 찾아오기 불편하다는 점이 확장 이전이 필요한 요지였다.

제중원이 홍영식의 집을 개조해서 병원으로 사용한지 2년 후, 1887년에 구리개銅峴, 현재 을지로입구 일대로 이전했다. 구리개는 현재 을지로입구에서 명동성당에 이르는 언덕이다. 이곳의 부지는 850여 평으로 재동 제중원보다 훨씬 넓었다. 구리개 제중원은 40병상 규모로 병동과 대기실, 진료실, 창고 등을 여러 건물에 나눠서 마련했다.

1893년에 제중원 4대 원장으로 조선에 파견된 올리버 에비슨은 북장로교 선교사 언더우드연희전문학교 설립자와 함께 제중원의 운영권을 가져오려고 조선 정부와 여러 번 협상했다. 오랜 시간 협상한 끝에 조선 정부는 1894년, 제중원 운영권을 미국 북장로회 선교부로 이관했다. 조선 정부와 미국 선교사가 합작 운영할 때 제중원이 '국립' 의료기관이었다면, 미국 북장로교로 이관한 후에는 '사립' 선교의료기관이 되었다.

병원의 운영권을 넘겨준 데는 역사적인 이유가 있다. 1876년 조일수호조규 직후에 개항장을 중심으로 일본인 거류지가 형성되었고 일제는 자국민을 보호한다는 이유로 여러 분야에 영향력을 행사했다. 1890년 이후에는 일제가 간섭하지 않는 곳이 없을 정도로 우리나라에서 일제의 영향력이 커졌다. 고종이 왕립으로 운영하던 제중원을 일본에 빼앗기지 않으려고 미국 선교사에게 넘겼다는 주장이 있다. 제중원을 처음 시작한 것도 미국인 선교사였기에 일본을 견제하는 동시에 미국과 좋은 관계를 유지하기 위해 의료기관이면서 의료교육기관의 운영권을 미국 선교사들에게 이관했다.

구리개로 이전한 제중원은 미국 북장로교로 운영권이 넘어갔지만 진료하는 의사와 장소는 그대로였다. 미국 북장로교로 이관된 후에도 병원 행정을 담당했던 조선인 관리들만 사라졌을 뿐, 환자들에게 제중원은 예전과 같았다.

제중원이 구리개로 이전한 후에 재동의 제중원에는 병원과 의학교를 설치하여 학생을 가르쳤다. 이 병원은 나중에 광제원이 되었다. 광제원은 현재 서울대학교 병원에 옛 모습 그대로 남아 있는 대한의원의 전신이다.

제중원의 운영권을 넘겨받는 선교사들은 미국의 부호 세브란스에게 대한제국 초기에 우리나라의 의료 현실과 선교 상황을 전하고 거액의 기부금을 받았다. 이 기부금으로 1904년에 숭례문 앞 도동에 병원을 짓고 구리개 제중원을 이전했다. 재동과 구리개의 제중원은 한옥을 고쳐 사용했지만 도동에 새로 지은 건물^{현재 연세재단세브란스빌딩}은 병원으로 쓰기 위해 설계했다. 이곳으로 이전하면서 기부금을 낸 세브란스의 이름을 넣어 세브란스 병원, 세브란스의학교로 명칭을 바꿨다.

제중원 터를 나타내는 표지석은 세 개가 있었다. 헌법재판소 내에 제중원이 세워진 터를 나타내는 표지석이 있다. 을지로입구 하나은행^{구 외환은행} 건물 앞 화단에 구리개로 이전한 제중원 터를 나타내는 표지석이 있었다. 구리개 제중원 표지석은 현재 없어졌다. 처음에 광혜원이었다가 제중원으로 이름을 바꿨는데 헌법재판소 내에는 광혜원 터를 알리는 표지석도 있었다.

광혜원 터, 제중원 터^{헌법재판소 내}, 구리개 제중원 터, 세브란스 빌딩 제중원 터 표지석에 적힌 글을 광혜원에서 도동 제중원까지 이전한 순서대로 정리했다.

광혜원 터

고종22년¹⁸⁸⁵ 고종황제의 윤허로 미국선교의사 알렌이 최초의 서양식 병원 광혜원을 이곳^{홍영식참판댁}에 설립 4월 10일 개원하였다. 동년 4월 23일 제중원으로 개칭되고 1887년 구리개로 이전되었다.

제중원 터 ^{재동, 헌법재판소 내}

제중원은 1885^{고종22}년 알렌^{Allen}의 제의에 따라 통리교섭통상사무아문 산하에 설립된 서양식 병원이다. 처음에는 광혜원廣惠院으로 이름 붙였다가 취소하고 제중원으로 하였다. 2년 뒤에 구래개로 옮겼다. 제중원 건물은 홍영식洪英植의 집이었다.

제중원 터 ^{구리개}

1885년 4월 10일 광혜원으로 개원 하였던 한국 최초의 서양식 의료교육기관 1887년 재동 ^{齋洞}에서 옮겨왔다.

제중원 터 ^{도동, 세브란스 빌딩 앞}

제중원은 우리나라 최초의 서양식 의료기관이다. 1885년 미국 선교사 알렌^{H.N. Allen}이 설립할 당시에는 왕립 광혜원이었으나 곧 제중원으로 이름을 바꾸었다. 1900년에는 미국인 세브란스^{L.H. Severance}의 지원으로 현 위치에 건물을 새로 짓고 세브란스 병원으로 명명하였다.

제중원이 마지막으로 이전한 서울역과 숭례문 사이에 연세재단세브란스 빌딩 앞에 구리개 제중원을 이곳으로 옮겼다는 표지석이 있었다. 제중원으로 이름을 바꾸기 전에 광혜원을 보고 싶다면 연세대학교 내 연세사료관^{연세역사의 뜰}에 가면 된다. 조선시대 수경원 터에 연세사료관을 짓고 여기에 광혜원 건물을 복원해 놓았다. 이곳에 광혜원 부속 건물을 축소하여 전시하고 있다. 외래진찰실, 수술실, 병동 등이 있었던 건물 모형과 의학교육을 하면서 학생 숙소를 재현한 모습을 볼 수 있다.

| 참고문헌 |

KBS 역사저널 그날, 영상한국사: 최초의 근대식 병원 제중원 설립과 체계적인 의학교육의 시작, KBS, 2019.
황상익, 제중원 터: 헌법재판소 백송에 얽힌 사연은?, 프레시안, 2010.04.05.
신동원,《한국 근대 보건 의료사》, 한울, 1997.
박형우,《한국 근대 서양 의학 교육사》, 청년의사, 2008.

| 제중원 회진 모습 |

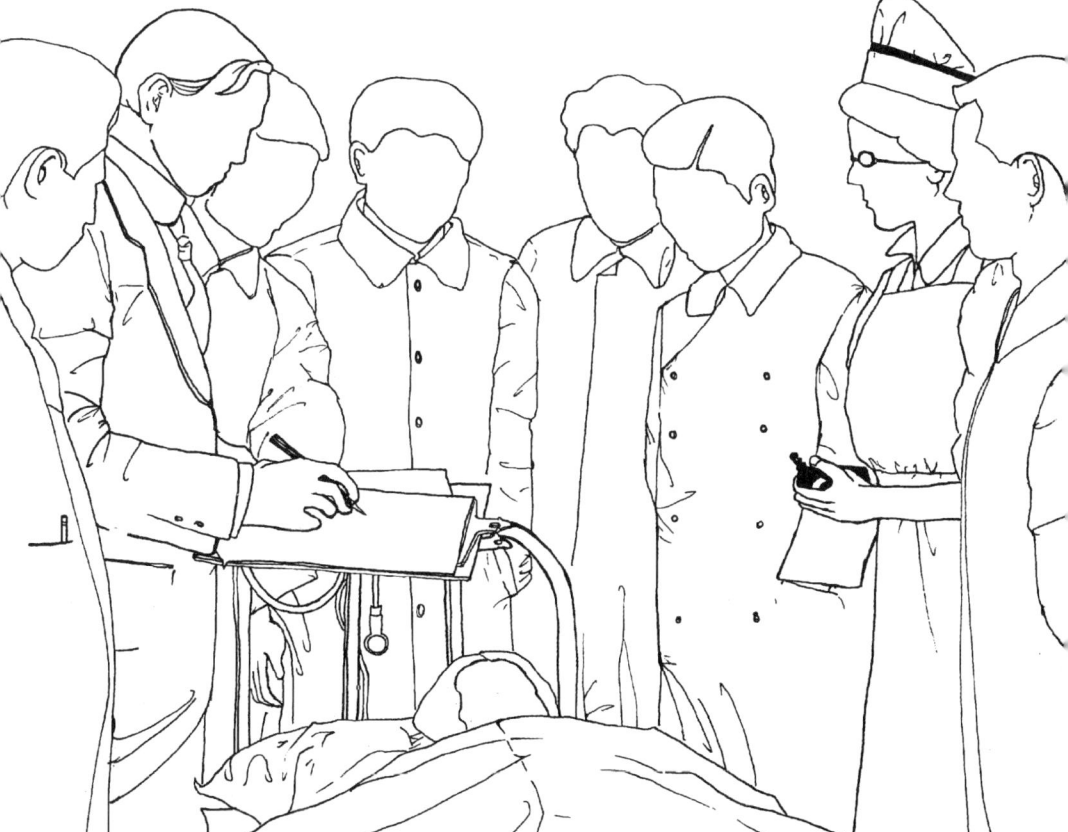

훈련원 공원 입구

| 훈련원 터 |

태조 1년(1392)-고종31년(1894) 군사의 무예 훈련 방법교습 및 무과 과거 시험 등을 맡아 보던 관아자리

훈련원은 조선시대 남부 명철방(현재 중구 방산동, 을지로 5~7가 일대)에 위치한 관청이다. 이곳에서 병사의 무예시험과 무예연습, 병서를 가르쳤다. 훈련원은 태조가 조선을 건국하면서 설립했다. 설립 당시에는 훈련관으로 불렀고 1467년(세조12)에 훈련원으로 이름을 바꿨다. 남부 명철방에 자리잡은 시기는 조선 태종 때다. 1907년, 일제 강점기에 훈련원은 강제로 폐지되었다.

훈련원이 어디에 있는지, 무엇을 하던 곳인지 모르는 사람이 많다. 이순신 장군이 청년시절 무과시험 중에 말에서 떨어져 다리가 부러졌는데 허리에 찬 칼로 버드나무 껍질을 벗겨 다리를 싸매고 다시 말에 올라 시험을 마쳤다는 이야기를 모르는 사람은 거의 없다. 이순신 장군이 무과시험을 보았던 장소가 바로 훈련원이다.

조선시대 훈련원은 시취(試取)와 연무(鍊武) 두 가지 역할을 했다. 시취는 무과시험으로 무관을 선발하는 것이고 연무는 전술 연구와 무술 훈련이다. 임

훈련원 공원 현재 모습

진왜란으로 새로운 군사조직과 군사훈련의 필요성을 느끼고 삼수병^{포수, 사수, 살}수을 양성하는 훈련도감을 설치하면서 훈련원의 위상이 떨어졌다.

훈련원이 처음 생긴 곳은 현재 동대문디자인플라자^{DDP}가 위치한 동대문역사문화공원^{옛 동대문운동장}이다. 동대문디자인플라자를 건설하는 과정에 동대문운동장이 들어서기 전에 그 자리에 있었던 것으로 추측되는 유구가 다수 발굴되었다. 지하철 2호선 출구와 이어지는 어울림광장과 동대문운동장 유구 전시장에는 조선 전기의 것으로 추정되는 유구를 전시해놓았다. 조선 전기 유구 가운데 구조와 형태가 온전한 건물 터 4기, 기단 석축, 담장 등을 조사한 결과 수도 방어용 관청과 부속 군사시설로 추정되는 건물지와 우물, 집수시설 등이 나왔다. 훈련원 표지석이 있는 곳은 국립중앙의료원과 방산시장 사이에 조성된 훈련원공원이지만, 실제로 조선시대 훈련원의 핵심 시설은 동대문야구장이 있던 자리에 있었다. 이곳에서 하도감 유구와 화약공장이었던 염초청, 무기를 만들던 공방의 유구, 화약무기와 관련한 문화재가 나왔다. 하도감과 염초청의 유구는 동대문디자인플라자 갤러리문^門 앞 야외 유구전시장에도 있다.

과거에 훈련원은 흥인지문과 연결되는 성벽 안쪽에 자리했다. 북쪽으로

3장 가르치던 곳

청계천, 동쪽으로 이간수문, 서쪽으로 마전교, 남쪽으로 광희문으로 둘러싸인 부지가 훈련원이었다. 18세기에 만든 도성도에 훈련원 부지가 확실히 표시되어 있다. 청계천 변 마전교 인근에 훈국염초청이 있었고 오간수문과 이간수문으로 둘러싸인 영역이 모두 훈련원이었다. 훈련원 남쪽 경계에는 하도감이 있었다.

정조가 세손 시절부터 국왕 재위기간 동안 지었던 글을 모은《홍재전서》에는 도성의 동쪽에 훈련원을 설치한 배경이 나온다.

"국도國都의 동쪽이 텅 비어 있기 때문에 동문東門은 그 편액의 글자를 한 자 더 많게 하고 그 성곽을 치성雉城으로 설치하였으니, 옛사람의 은미한 뜻을 볼 수 있다. 효묘조孝廟朝에 이미 하도감을 설치하고 또 훈국訓局의 군병을 동촌東村으로 옮긴 것 또한 이러한 뜻이었다."

흥인지문과 광희문, 마전교 일대는 평평한 지형이 넓게 펼쳐져 있어서 군사훈련 장소로 사용하기에 알맞았다. 한양도성 동쪽, 낙산 언덕 아래 흥인지문 안쪽은 지리적 형세가 낮아서 방어가 취약한 단점을 보완하려고 홍예문 앞쪽에 옹성을 둘렀다. 낮은 지대에서 적의 공격을 방호하기 위해 옹성을 만들고 훈련원과 하도감 등 군사훈련 기관을 만든 것은 병법 차원에서 최선의 배치였다.

훈련원의 역할은 조선시대 기본 법전인《경국대전》에 나와 있다.《경국대전》에는 훈련원에서 군사에 대한 시재詩才, 무과 시험와 무예 연마 및 무경武經, 군사 및 병법에 관한 책을 습독하는 일을 관장한다고 규정했다.

군사를 양성하기 위해 활쏘기, 창법, 격구 등의 훈련과 진법을 학습했다. 군사를 훈련시키는 습독관을 선발하여 무경칠서손자, 오자, 사마법, 위료자, 황석공삼략, 육도, 이위공문대와 통감, 병장설을 익히게 했다. 습독관은 전문지식을 가르치기 위해 선발된 하급 관직이다. 훈련원은 병학 습독관 30명을 선발하여 군사의 훈련과 학습을 도왔다.

무술을 익히는 책으로 《무예도보통지》가 있다. 1790년^{정조14}에 이덕무, 박제가, 백동수 등이 왕명을 받아 완간했다. 임진왜란 이후에 《무예제보》와 《무예신보》를 집대성하고 보완해서 만들었다. 18세기 조선에 전해져내려오는 무예를 모두 정리했다는 점에서 매우 가치있는 책이다.

2018년에 동대문역사관에서 열린 '훈련원과 하도감' 전시에서 《무예도보통지》를 전시했다. 페이지마다 칼과 창을 써서 공격과 방어하는 무예 동작을 정밀하게 그렸다. 2004년에 개봉한 영화 〈아라한장풍대작전〉이 시작하는 영상에 《무예도보통지》의 무예 동작을 애니메이션으로 만들어 넣었다. 《무예도보통지》를 펴낸 이후에 조선시대에 무관은 모두 이 책을 보고 무예를 습득했다.

임진왜란 이후 군사 확보가 어려워졌고 군사 제도를 정비할 필요가 있었다. 이에 조선 전기 군사제도인 오위^{五衛}와 진관체제^{鎭管體制}를 보완하기 위해 수도를 집중 방어하기 위해 오군문^{五軍門}을 만들었다.

중앙에 훈련도감$^{현재\ 종로구\ 신문로1가\ 훈련도감\ 터\ 표지석이\ 있음}$을 설치하고 경기지역을 방어하기 위해 총융청, 수어청, 어영청을 만들었다. 1682년^{숙종8}에는 국왕 호위를 강화하기 위해 금위영을 설치하여 오군문을 완성했다. 조선 후기에는 훈련도감을 중심으로 좌우에 금위영, 어영청을 두고 도성을 방어하는 데 집중했다. 훈련도감, 금위영, 어영청을 삼군문이라고 했다.

삼군문은 각각 도성을 방어하는 담당구역을 정하고 유사시에 도성을 방어하는 공동 군사 활동 계획을 세웠다. 그리고 도성을 방어하는 체제를 책으로 만들었다. 이 책이 1751년^{영조27}에 반포한 《수성윤음^{守城綸音}》이다.

《수성윤음》에는 삼군문이 한양도성 방어를 담당하는 지역을 명시하고 유사시에 백성을 동원할 지역을 확정했다. 〈도성삼군문분계지도〉는 삼군문이 담당하는 도성 지역을 표시한 지도다. 영조는 《수성윤음》에서 군사와 백성에게 도성 사수를 천명했다. 임진왜란을 겪으면서 군사를 동원하는 데 한계를 느낀 영조가 도성을 사수할 방법으로 내놓은 것이 도성사수론이다. 도성사수론은 한성부에 거주하는 백성은 모두 삼군문에 소속되어 평상시에 생업과 군사 훈련을 병행하다가 유사시에는 각자 무기를 들고 도성의 지정된 위치에서 수도를 방어하는 것이다. 지금의 예비군 제도와 유사하다. 훈련도감을 만든 뒤에 군사는 병농일치兵農一致의 원칙에 따라 군역을 수행했다. 병농일치는 군사 스스로 양식과 무기를 장만하는 것이다.

훈련도감을 중심으로 지역마다 군영을 두고 훈련원 남쪽에는 하도감을 설치했다. 도성 방어를 최우선으로 하는 군사 제도는 조선 후기까지 유지되다가 개항 이후 부국강병의 일환으로 군사 제도를 개편했다. 1881년에는 신식 군대로 교련병대를 만들었다. 교련병대를 별기군이라고 불렀는데 하도감에서 18기를 교습하던 훈련도감 소속의 별기군과 다른 조직이다.

개항 이후 대한제국은 서양의 침략을 받으면서 근대식 군대의 필요성을 느꼈다. 2019년 전쟁기념관에서 '나는 대한제국의 무관이었다' 기획전시가 열렸다. 이 전시에서 조선의 군사체제가 근대식 군대로 변모하는 과정을 대한제국 시기의 군인을 모델로 자세하게 설명했다.

육군편제강령을 선포한 후에 중앙군에 속한 시위대는 드라마 〈미스터션샤인〉에 나온다. 일제는 이토 히로부미가 헤이그에 특사를 보낸 것을 트집 잡아 고종을 폐위하고 새로운 황제에게 군대를 해산하라고 명령했다. 드라마에는 1907년 8월 1일 대한제국 군대 해산을 알리며 훈련원에 모인 시위대 군사에게 은사금을 지급하는 장면이 나온다. 남대문에 주둔한 시위대 참령 박승환은 나라를 지키지 못하고 충성을 다하지 못한다면 죽어도 아까울 것이 없다고 하면서 자결한다. 드라마에서 묘사한 이 장면은 실제 고증을 거쳐서 재연되었다. 군사들은 군대 해산을 반대하는 시위를 일으키고 일부는 종로경찰서를 습격했다. 이 사건으로 일본군이 서울로 들어오고 인천에 군함을 정박시키며 군대를 해산하라는 황제의 명령을 반포했다. 이때 훈련원도 폐지되었다.

훈련원이 폐지된 후에 군사를 훈련하고 병법을 익히던 공간은 공원과 경기장이 되었다. 훈련원에 군사들이 사라지고 넓은 마당은 다양한 목적으로 이용되었다.

영화로도 알려진 YMCA 야구단이 1910년에 훈련원에서 찍은 사진이 있다. 야구단 뒤에 사진의 배경으로 보이는 우진각 지붕으로 지은 건물은 훈련원 청사로 사용한 것으로 추정된다. 1919년 고종황제 장례식 당시 사진에는 팔작지붕의 훈련원 청사가 보인다. 고종황제 장례식 사진 속 훈련원 부속 건물은 YMCA 야구단 사진 배경으로 나온 건물과 다른 형태다. 지붕 형태와 건물 모양으로 보아 일제강점기에 원래 건물이 있던 자리에 다시 지은 것으로 추정된다.

훈련원 터는 1920년대 일제 강점기에 만든 효창공원, 탑골공원, 창충단공원, 사직공원처럼 근대식 공원보다 운동장 건설에 초점을 맞췄다. 훈련원으로 사용하던 공간이 상당히 넓어서 운동장을 짓는 비용을 마련하기 위해 일부는 학교 부지로 매각했다. 1921년 〈조선지형도집성〉 지도에는 훈련원 터에 조성한 공원 위치가 표시되어 있다. 학교부지로 매각한 곳^{현재 평화시장, 방산시장 지역}에는 사범학교, 동대문소학교, 약학교가 생겼다.

일부는 학교로, 일부는 공원이 된 훈련원 터를 일제는 시민 운동장으로 활용할 계획을 세웠다. 1925년에 15만5천 원을 들여서 2만5천8백여 명을 수용할 수 있는 우리나라 최초의 종합운동장을 지었다. 1920년대 후반에 만든 〈경성부공원계획지도〉에는 훈련원 공원과 경성운동장 주경기장, 야구장, 정구장, 경성풀장까지 표시되어 있다.

시민 운동장 계획에는 연못을 파서 겨울에 스케이트 경기장으로 사용하려는 내용도 있다. 남산에서 흘러 내려오는 물이 있어서 연못을 조성하고 겨울에 스케이트장으로 활용하는 데는 어려움이 없었다. 스케이트장을 이용하는 모습은 1960년대에 찍은 사진에도 남아있다.

1945년, 광복 후에는 경성운동장에서 대한민국 임시정부 환영회가 열렸다. 당시에 명칭은 '서울운동장'이다. 한국전쟁 이전까지 서울운동장은 운동 경기보다 정치적인 행사가 열리는 장소로 더 많이 이용했다. 1986년 아시안게임과 1988년 올림픽을 준비하면서 잠실 주경기장을 새로 지었다. 서울운동장은 더 이상 서울을 대표하는 운동장이 아니었다. 1985년에 동대문운동장으로 이름을 바꾸고 1993년에는 수영장을 폐쇄했다. 2007년 동대문운동장과 야구장을 철거했고 현재의 동대문디자인플라자를 만들었다. 동대문디자인플라자 북측에는 이곳이 과거에 '운동장'이었음을 알리기 위해 과거 동대문운동장에서 사용하던 조명과 성화대를 보존해놓았다.

화제를 바꿔서, 현재 동대문디자인플라자와 흥인지문 일대에 옷을 만드는 곳과 파는 가게가 왜 집중해 있을까? 이곳이 어떻게 패션의 메카가 되었을까? 이 질문의 해답도 훈련원에서 찾을 수 있다.

서울 동대문 주변에 패션산업은 역사가 매우 길다. 조선 초기부터 이곳에 훈련원이 있었다. 흥인지문의 서쪽, 청계천 남쪽부터 현재의 장충단 공원, 세운스퀘어 일대까지 훈련원과 부속 건물이 있었다. 군영이 있는 곳에는 군사와 그의 가족이 모여 살았다. 훈련원이 있는 흥인지문 도성 근처에도 많은 군사 가족이 살았다. 임진왜란 중에 훈련도감을 창설하고 초기에 군사들의 대우는 좋았다. 군사들은 늘 훈련을 해서 옷이 닳아 해지는 일이 잦았다. 군사에게 월급과 함께 옷을 지어 입을 수 있게 최상급의 보포保布·병역을 면제해준 장정에게서 거둬들이던 베나 무명를 지급했다.

왜란과 호란을 겪으면서 군사제도는 여러 번 바뀌었지만 군사에게 지급되는 월급은 거의 오르지 않았다. 적은 월급마저도 제때 나오지 않았다. 정부에서도 군사들이 월급만으로 살기 어렵다고 판단하여 이들에게 장사할 권한을 주었다. 군사들은 임무를 마친 후에 흥인지문 인근에서 장사를 했다. 군사와 그의 가족들은 보포를 가공하거나 방한구 등을 만들어서 난전에서 팔았다. 종로4가 배오개 일대현재 광장시장 주변를 중심으로 군사와 그의 가족이 장사를 했다. 이후에 장사하는 사람이 모여들었다. 조선 말기에는 훈련도감의 본영이 있던 동별영현재 종로구 인의동에는 군인들이 면포와 포목, 옷을 파는 시장이 생겼다.

2017년에 동대문 스토리텔링 전통 무예극이라는 타이틀을 내걸고 동대문디자인플라자에서 '하도감 이생전' 공연을 했다. 하도감 이생전은 훈련도감의 군사 이생이 포목장수로 성장하는 내용을 담고 있다. 공연 시간은 30분 정도로 짧지만, 훈련원 터가 패션 디자인 명소로 바뀌는 기원과 지역의 정체성을 보여준다. 주인공 이생을 중심으로 당시에 군사와 가족의 생활을 엿볼 수 있다. 극중에 이생이 군사 훈련하는 모습이 나오는데, 여기서 《무예도보통지》에 묘사된 전통무예 동작을 재현했다.

동대문시장의 기원起源을 알면 훈련원 터의 역사와 장소의 가치를 이해할 수 있다. 현재 두산그룹의 시조인 박승직상점이 있던 자리에 동별영이 있었다. 박승직은 1896년 종로4가 15번지에 박승직상점을 차리고 일본, 영국에서 수입한 직물을 팔았다. 박승직상점에서 큰 돈을 벌어서 1905년에 '광장주식회사'를 공동 설립하여 광장시장을 만드는 데 참여했다.

대한제국 군대가 강제 해산하고 훈련원이 폐지된 1907년에는 직업을 잃은 군인들과 이들의 가족이 자본을 모아 경성직뉴주식회사를 만들었다. 경성직뉴주식회사에서 허리띠, 대님, 양말, 장갑 등을 만들었다. 당시에 우리나라 사람이 설립한 공업 회사로 가장 큰 규모였다. 1930년대 이후까지 훈련원 터 인근에는 섬유를 유통하는 가게와 직물을 생산하는 공장 여러 곳이 있었다.

현재 광장시장, 평화시장, 방산시장이 위치한 동대문시장과 동대문디자인플라자 일대는 불과 120여 년 전만 해도 군사들이 진법과 무예를 익히던 훈련원이 있었다. 지금은 훈련원 터 유래를 알리는 표지석과 안내판이 이곳이 역사적인 장소였다는 사실을 전하고 있다.

| 참고문헌 |

서울역사박물관, 〈훈련원과 하도감 전시도록〉, 2018년 동대문역사관 기획전
나는 대한제국의 무관이다, 2019년 전쟁기념관 기념전시
이헌창, 〈개항기 시장구조와 그 변화에 대한 연구〉, 서울대학교 대학원 경제학과 박사학위논문, 1990.
김해경·김영수, 〈근대 복합운동 공간인 훈련원 공원의 변천에 관한 연구〉, 서울과역사 제94호, 2016.
박은숙, 〈동대문시장 광장·중부·방산: 2장 시간과 공간의 역사가 교차하는 동대문시장〉, 서울역사박물관, 2012.
김세영, 훈련도감 병사들 지급받은 옷감 장사…동대문 패션타운의 출발, 동아일보, 2013.10.21.
전우용, 동대문 포목상 '원조'는 훈련도감 군인과 그 가족들, 중앙일보, 2010.04.15.
박승직, 한국민족문화대백과사전

| 훈련원 |

맺음말

　책을 '문화'라고 말합니다. 책은 그 시대를 정확히 알려줍니다. 1980년대에 출판된 책은 1980년대를 말해주고 2000년에 출판된 책은 세기말에 일어난 일을 보여줍니다. 문화의 사전적 의미는 인간이 이상을 실현하는 활동 과정이고 그 과정에서 만든 물질과 정신적 소득으로 학문, 예술, 종교, 도덕 등의 정신적 소득을 가리킵니다. 인간이 목적을 갖고 만들어낸 모든 것이 문화이고, 문화를 대표하는 물질이 책입니다.

　문화는 켜켜이 쌓입니다. 사람이 살았던 흔적이 쌓여서 역사로 남은 것이 '문화층'입니다. 문화층을 실제로 볼 수 있는 곳이 서울에 몇 군데 있습니다. 서울시 신청사 지하 시민청의 '군기시유적전시실'과 종묘 건너편 세운상가 지하에 '다시 세운 광장 유적 전시실', 조선시대 한양 육의전이 있던 곳에 조성한 '공평도시유적전시장'입니다. 이곳에서 켜켜이 쌓인 역사의 흔적을 두 눈으로 확인할 수 있습니다. 군기시유적전시실에서 조선 전기 문화층과 근현대 문화층을 직접 볼 수 있습니다. 조선 전기 문화층에는 조선을 건국하던 시기에 설치한 군기시 유물과 유구가 있고 그 위에 토층에는 고종황제의 호위를 담당하던 시설인 숙위소 유적이 있습니다. 또 그 위에 근현대 문화층에는 경성부청사의 흔적이 있습니다. 여기에 일제강점기에 경성부청사, 경성일보사가 차례로 건립되었다는 사실이 퇴적층에 남아있습니다. 다시 세운 광장 유적 전시실은 종묘 건너편에 세운상가 공원을 조성하다가 한성부 중부 관아터의 유구와 유물이 다수 발견되어 이곳을 전시실로 만들고 토층이 쌓인 모습을 보존하여 '시간의 축적(토층 이야기)'을 전시하고 있습니다. 토층에는 임진왜란 당시 불탄 흔적이 있고 어느 층에 위치하는가에 따라서 건물 조성 시기도 추정합니다.

지금 우리가 사는 곳은 현대문화층입니다. 켜켜이 쌓인 토층에서 저의 눈길을 끈 단어는 '문화층'입니다. 사람이 살았던 흔적이 있는 토층과 학문, 예술, 종교, 도덕 등의 정신적인 결과물, 즉, '문화'를 꼭 땅을 파야 볼 수 있는 건 아닙니다. 현대문화층에는 표지석이 있습니다. 표지석에는 과거에 우리 조상이 이상을 실현하기 위해 했던 일들이 기록되어 있습니다.

거창하게 표현하면 표지석에는 역사적인 사실뿐만 아니라 인류학, 사회학, 인문학 등이 담겨 있습니다. 표지석과 그 시대에 만든 책을 보면, 역사와 문화를 더욱 생생하게 배울 수 있습니다. 천년 고찰의 기둥에 기대서서 한국의 미를 느끼는 것처럼, 일상적으로 오고가는 길에 표지석이 있다면 그 앞에 서서 그 시대의 역사와 문화를 느껴보기 바랍니다. 표지석을 따라 걸으면 타임슬립을 한 것처럼 그 시대를 경험할 것입니다.

● 정도환